Serge-Patrick Levoa Awona

La cour commune de justice et d'arbitrage

L'Harmattan
Cameroun

5-7, rue de l'Ecole-Polytechnique, 75005 Paris

http://www.editions-harmattan.fr

ISBN : 978-2-343-24861-5
EAN : 9782343248615

La cour commune de justice et d'arbitrage

SOMMAIRE

PRINCIPALES ABRÉVIATIONS

- **Al. :** Alinéa
- **Art. :** Article
- **Ass. plén. :** Assemblée plénière
- **ATDA :** Actualité trimestrielle de droit des affaires
- **AUA :** Acte uniforme relatif au droit de l'arbitrage
- **AUDCG :** Acte uniforme relatif au droit commercial général
- **AUDSCGIE :** Acte uniforme relatif au droit des sociétés commerciales et du groupement d'intérêt économique
- **AUPCAP :** Acte uniforme portant organisation des procédures collectives d'apurement du passif
- **AUPSRVE :** Acte uniforme portant organisation des procédures simplifiées de recouvrement et des voies d'exécution
- **c. :** Contre
- **CA :** Cour d'appel
- **Cass. :** Cour de cassation
- **CCJA :** Cour commune de justice et d'arbitrage
- **CEMAC :** Communauté économique et monétaire de l'Afrique centrale
- **Ch. com. :** Chambre commerciale

- **Ch. réun. :** Chambres réunies

- **CIMA :** Conférence interafricaine des marchés d'assurance

- **CJCE :** Cour de justice des communautés européennes

-**CJUE :** Cour de justice de l'Union européenne

- **Coll. :** Collection

- **C.S. :** Cour suprême du Cameroun

- **D. :** Dalloz (Recueil Dalloz)

- **Dir.** : Direction (sous la direction de)

- **éd. :** Édition

- **ERSUMA :** École régionale supérieure de la magistrature

- **FSJP :** Faculté des sciences juridiques et politiques

- **JCP :** Juris classeur périodique

- **JDI :** Journal du droit international (Clunet)

- **LGDJ :** Librairie générale de droit et de jurisprudence

- **Obs. :** Observations

- **OHADA :** Organisation pour l'Harmonisation en Afrique du Droit des Affaires

- **Op. cit. :** *Opere citato*

- **Ord. :** Ordonnance

- **PUA :** Presses universitaires d'Afrique

- **PUC :** Presses universitaires du Cameroun

- **PUF :** Presses universitaires de France

- **RA CCJA :** Règlement d'arbitrage de la cour commune de justice et d'arbitrage

- **RASJ :** Revue africaine des Sciences juridiques

- **RCD :** Revue camerounaise de Droit

- **Rec. :** Recueil

- **RFDA :** Revue française de Droit administratif

- **RI CCJA :** Règlement intérieur de la Cour commune de Justice et d'Arbitrage

- **RJ CCJA :** Recueil de Jurisprudence de la Cour commune de Justice et d'Arbitrage

- **RP CCJA :** Règlement de Procédure de la Cour commune de Justice et d'Arbitrage

- **t. :** Tome

- **UEMOA :** Union économique et monétaire ouest-africaine

- **V. :** Voir

- **Vol. :** Volume

INTRODUCTION

1. Unité et diversité du phénomène d'intégration. Bien qu'elles soient toutes fondées sur des idées de supranationalité, d'abandon ou même de limitation de souveraineté au profit d'institutions communes, les organisations d'intégration ne sont cependant pas totalement identiques. Les différences qu'on pourrait observer dans les organisations d'intégration, aussi minimes qu'elles pourraient paraître de prime abord, sont généralement lourdes de conséquences. En la matière, même si parfois les techniques juridiques en usage sont les mêmes, chaque organisation a son histoire et des objectifs propres, ce qui en fait une organisation unique et par conséquent distincte des autres.

2. Originalité de l'OHADA. Dans l'OHADA, même si on retrouve diverses techniques juridiques qui en font une organisation d'intégration[1], la spécificité ou l'originalité de cette organisation découle de son objectif qui est l'unification du droit des affaires de ses pays membres. Alors que dans la plupart des organisations d'intégration en Afrique, les objectifs sont prioritairement économiques et consistent en la création d'un marché commun et la mise en œuvre de politiques communes dans des secteurs bien définis, l'objectif de l'OHADA est plutôt de nature juridique et fait suite à la balkanisation du droit des affaires de ses pays

---

[1] C'est l'exemple de la règle de l'applicabilité immédiate, la règle de l'effet direct, la règle de la primauté ou encore l'inapplication de la règle de la réciprocité. Pour plus de détails, v. S.-P. LEVOA AWONA, « Retour sur la nature du droit de l'OHADA », *Le Nemro Revue trimestrielle de droit économique*, juill.-sept. 2019, pp. 61 et s.

fondateurs près de trente ans après leur accession à l'Indépendance[2]. Au-delà de l'unification du droit des affaires, l'objectif de l'OHADA est aussi de moderniser ce droit et de le simplifier et de promouvoir l'arbitrage comme instrument de règlement des différends afin de faciliter l'essor des activités économiques et créer ainsi un nouveau pôle de développement économique en Afrique[3].

3. Justification de la création de la CCJA. Pour être effective, l'unification du droit des affaires doit être suivie, au niveau juridictionnel, de la mise en place d'une juridiction suprême unique. C'est ce qui justifie la création, par le traité de l'OHADA, de la CCJA, juridiction suprême de l'ordre juridique OHADA dont le siège se trouve à Abidjan en Côte d'Ivoire. En effet, pour des raisons techniques évidentes, la compétence exclusive des juridictions nationales dans l'application du droit OHADA aurait créé un inconvénient majeur, celui du morcellement de la jurisprudence communautaire. Or, avec une jurisprudence morcelée, l'objectif d'uniformisation du droit des affaires des pays de l'OHADA aurait été irréalisable. De plus, si on avait abandonné l'application du droit OHADA aux juridictions nationales, on se serait à nouveau heurté aux insuffisances qui caractérisent la plupart des systèmes judiciaires d'Afrique noire à savoir, la subordination de la justice au pouvoir politique, la corruption des juges, la misère financière et documentaire des tribunaux, les lenteurs judiciaires…[4] Au-delà, la

---

[2] KÉBA MBAYE, « L'histoire et les objectifs de l'OHADA », *Petites affiches*, n° 205, 13 oct. 2004, pp. 4 et s. ; J. PAILLUSSEAU, « Le droit de l'OHADA. Un droit très important et original », *JCP Cahiers de droit de l'entreprise*, n° 5, 2004, pp. 1 et s.

[3] V. préambule du traité de l'OHADA.

[4] Sur ces différents maux, v. J. DUBOIS DE GAUDUSSON et G. CONAC (dir.), La justice en Afrique, *Afrique Contemporaine*, n° spécial, Paris, La Documentation française, 1990.

création de la CCJA participe de l'autonomie de l'ordre juridique OHADA. Comme dans d'autres organisations d'intégration, l'ordre juridique OHADA est un ordre juridique distinct de l'ordre juridique interne et de l'ordre juridique international. Il constitue de ce fait un système juridique relativement complet, disposant de tous les éléments nécessaires pour se déployer. Sous cet angle, la création de la CCJA témoigne de l'autonomie juridictionnelle de l'OHADA[5].

4. Rôle de la CCJA. En créant la CCJA, l'OHADA lui a assigné deux principaux rôles. D'une part, la CCJA constitue la juridiction suprême de l'ordre juridique OHADA. À ce titre, elle est chargée de réguler, d'orienter et d'unifier les applications et les interprétations du droit OHADA par les juridictions nationales, les États membres et les organes et institutions de l'OHADA. À cet effet, la CCJA peut être saisie de divers types de recours : recours consultatifs, recours en cassation, recours en annulation, recours en interprétation, recours en révision, recours en tierce opposition. Cette saisine peut être l'œuvre des juridictions nationales du fond, des juridictions suprêmes nationales, des parties en litige, des États parties, mais aussi du Conseil des ministres. D'autre part, en conformité avec les objectifs du traité de l'OHADA tels qu'énoncés dans le préambule, la CCJA constitue une institution permanente d'arbitrage en charge, à ce titre, de l'administration des arbitrages qui s'y déroulent, et plus globalement de la promotion de l'arbitrage comme mode de règlement des différends. Aussi, joue-t-elle, pour l'ensemble de l'espace OHADA, le rôle important de cour judiciaire suprême dans les instances arbitrales.

---

[5] Même si, comme l'autonomie de l'OHADA en général, l'autonomie juridictionnelle de cette organisation est relative, dans la mesure où au premier degré et en appel, ce sont les juridictions nationales qui sont en charge de l'application et de l'interprétation du droit OHADA.

5. Nature de la CCJA. Si, comme centre permanent d'arbitrage, la nature de la CCJA ne pose véritablement pas de problème, il en va tout autrement de la CCJA, cour de justice au regard notamment de la diversité des attributions de cette juridiction.

La CCJA pourrait être considérée comme une juridiction internationale, dans la mesure où elle est créée par un traité et parce que parmi ses attributions, il y a le règlement de litiges entre États parties relatifs à l'interprétation et à l'application du droit OHADA[6]. Toutefois, même si elle assure au sein de l'OHADA les fonctions d'une juridiction internationale et qu'elle a été créée par un traité international, la CCJA n'est pas, du point de vue de sa nature, une juridiction internationale. Ce qui caractérise en effet la justice internationale et qu'on ne retrouve pas au niveau de la CCJA, c'est que les principaux justiciables de cet ordre de juridictions sont les États et que tout le système est conçu pour en tenir compte. Aussi, en règle générale, les juridictions internationales n'assurent-elles qu'une *justiciabilité* minimale des relations internationales[7]. En vertu de la souveraineté des États, la juridiction internationale a un caractère facultatif. C'est ce qui justifie que le recours à une procédure juridictionnelle, qu'elle soit judiciaire ou arbitrale comme mode de règlement des différends entre États, suppose à la base le consentement de toutes les parties en litige[8].

En réalité, au regard de ses caractères fondamentaux, la CCJA peut être considérée, du point de vue de sa nature, comme une juridiction communautaire. Le droit de

---

[6] S.-P. LEVOA AWONA, « Cour commune de Justice et d'Arbitrage », *Encyclopédie du droit OHADA*, éd. Lamy, 2011, n° 5.

[7] C. LEBEN, « La juridiction internationale », *Droits*, n° 9, 1989, pp. 146-148.

[8] P.-M. DUPUY et Y. KERBAT, *Droit international public*, Paris, Dalloz, 14e éd., 2018, pp. 546 et s.

l'OHADA remplissant les conditions pour être considéré techniquement comme un droit communautaire[9], il est logique que la juridiction mise en place par cette organisation, par l'effet de contagion, revête aussi la nature communautaire. Surtout, en prenant en compte les éléments de technique juridique, leur mise en commun aboutit à la conclusion selon laquelle la CCJA est une juridiction communautaire. En premier lieu, comme devant les cours de justice de la CEMAC, de l'UEMOA ou même de l'Union européenne, les justiciables de la CCJA ne sont pas essentiellement les États, mais plutôt les particuliers. S'il en est ainsi, c'est principalement parce que les objectifs assignés à ces différentes organisations d'intégration sont réalisés non seulement pour la satisfaction des intérêts des États, mais aussi, et très souvent dans l'intérêt des populations. C'est ce qui justifie dans ces différentes organisations l'existence d'un important droit dérivé presque exclusivement tourné vers la réglementation des rapports entre personnes privées ou entre personnes privées et personnes publiques. En second lieu, dans le champ de compétence qui lui est dévolu, la juridiction de la CCJA, comme celle des cours de justice communautaire CEMAC et UEMOA, est obligatoire pour les États, les autres personnes publiques et les particuliers. Le caractère obligatoire de la juridiction de la CCJA ne signifie pas que pour les litiges entrant dans son domaine de compétence, la CCJA soit la seule juridiction compétente ; d'autres juridictions sont également compétentes pour connaître des litiges relatifs à l'application et à l'interprétation du droit OHADA si la loi communautaire leur en donne la compétence. Tel est le cas des juridictions nationales inférieures ou même des juridictions arbitrales. En vertu du caractère obligatoire de la juridiction de la CCJA, il n'est

[9] S.-P. LEVOA AWONA, « Réflexions sur l'article 10 du traité de l'OHADA », *Juridis périodique*, n° 84, 2010, pp. 151 et s.

pas besoin, lorsque cette juridiction a été saisie, que cette saisine soit précédée d'un accord entre parties en litige portant sur le choix de la CCJA comme juridiction compétente. La juridiction de la CCJA s'impose à la personne qui la saisit en premier et la personne contre laquelle l'action est dirigée est tenue de comparaître.

6. Textes applicables et plan de l'ouvrage. La CCJA est réglementée par les articles 31 et suivants du traité de l'OHADA tel que révisé à Québec le 17 octobre 2008 ; le règlement de procédure de la CCJA en date du 18 avril 1996 et modifié le 30 janvier 2014 ; l'acte uniforme relatif au droit de l'arbitrage et le règlement d'arbitrage de la CCJA du 23 novembre 2017[10] ; le règlement intérieur de la CCJA en matière d'arbitrage du 2 juin 1999 ; le règlement intérieur en matières contentieuse et consultative du 24 novembre 1999 et une importante jurisprudence provenant de sa propre juridiction. L'ensemble de ces outils normatifs permettent de régler trois séries de difficultés : la composition de la CCJA (chapitre 1), les attributions de cette juridiction (chapitre 2) et la procédure applicable devant cette juridiction (chapitre 3).

[10] Ces deux textes ont succédé à l'AUA et au RA CCJA du 11 mars 1999.

CHAPITRE 1 :

LA COMPOSITION DE LA CCJA

1. Observations générales et plan La composition de la CCJA renvoie aux différentes composantes de cette juridiction. Elle a donc une double dimension : humaine et organique. Régie essentiellement par le traité de l'OHADA (articles 31 à 39), le règlement de procédure de la CCJA (titre 1, articles 1 à 22) et le règlement intérieur de la CCJA en matière d'arbitrage (articles 2 et 6), la composition de la CCJA est le reflet de la complexité et de la diversité des compétences et des missions de cette juridiction. On y trouve des juges, des greffiers, un secrétaire général de la Cour, des juristes référendaires ; et parmi les organes et formations de cette institution, on peut citer : le président de la Cour, les vice-présidents, l'assemblée plénière, les chambres, etc.

Au cœur de la composition de la CCJA se trouvent bien évidemment de nombreux enjeux. Il s'agit, en l'occurrence, de la garantie de l'indépendance des membres qui en ont besoin dans l'exercice de leurs fonctions, de l'accélération du règlement des litiges pour éviter les lenteurs judiciaires, de la reconnaissance au président de la Cour d'une autorité suffisante pour favoriser le fonctionnement harmonieux et efficient de l'ensemble de l'institution. Ces différentes préoccupations sont-elles effectivement prises en compte et à leur juste mesure dans la composition de la CCJA ? C'est ce qu'il convient de vérifier en étudiant successivement les membres (section 1) et les formations de la CCJA (section 2).

Section 1 : Les membres de la Cour

8. Conception étroite et conception large. Le règlement de procédure de la CCJA a eu une conception étroite des membres de la Cour, se limitant à y inclure uniquement les juges[11]. On pourrait cependant avoir de la même notion une conception large qui inclurait, en plus des juges, les autres personnalités qui participent au fonctionnement de cette juridiction : les greffiers, le secrétaire général et les juristes référendaires. À ces catégories de membres qui sont prévus par la loi (§1), il faut ajouter une catégorie virtuelle qui, elle, est proposée par la doctrine (§2).

§1- Les membres prévus par la loi

Ils sont composés des membres élus (A) et des membres nommés (B).

A- Les membres élus

Il s'agit des juges (1) et du président et des vice-présidents (2).

1- Les juges

9. Nombre de juges de la CCJA, caractère non renouvelable du mandat. Au départ, la CCJA était composée de sept juges élus pour sept ans renouvelables une fois[12]. Mais, depuis la modification de l'article 31 du traité de l'OHADA survenue le 17 octobre 2018 à Québec, la CCJA se compose de neuf juges élus pour un mandat de sept ans non renouvelable[13]. Par ailleurs, toujours en vertu

---

[11] V. chap. 1 du titre 1 de ce texte.

[12] V. ancien art. 31, al. 1er du traité de l'OHADA.

[13] V. l'al. 3 du nouvel art. 31 du Traité.

de la nouvelle législation communautaire[14], le Conseil des ministres peut, sur rapport circonstancié et approfondi du secrétaire permanent saisi à cet effet, soit par le président de la Cour, soit par un État partie, et compte tenu des nécessités de service et des possibilités financières de l'Organisation, fixer un nombre impair de juges supérieur à neuf. En 2014, s'appuyant sur cette disposition, le Conseil des ministres a porté le nombre de juges de la CCJA à 13[15].

La modification du traité de l'OHADA sur la question du nombre de juges de la CCJA et sur le caractère renouvelable du mandat des juges est intéressante. D'une part, en procédant à l'augmentation du nombre des juges de la CCJA et en donnant la possibilité au Conseil des ministres de procéder à une augmentation du nombre de juges de cette juridiction, le législateur donnait une suite favorable à une critique émise par la doctrine. Pour plusieurs auteurs, les sept juges qui avaient été initialement prévus auraient été rapidement débordés par l'afflux des recours[16], compte tenu de l'étendue des compétences de la CCJA, de son mode de saisine, des personnes pouvant la saisir et du nombre important d'États membres de l'OHADA. D'autre part, en proscrivant le renouvellement du mandat des juges de la CCJA, le traité modifié de l'OHADA offre à ceux-ci un élément supplémentaire de garantie de leur indépendance. Avec l'ancien article 31 qui permettait le renouvellement du mandat de juge à la CCJA, on pouvait à juste titre craindre que, une fois élu et dans le souci d'obtenir le soutien de son pays au moment du renouvellement de son mandat, le juge agisse davantage par

[14] Art. 31 du Traité et le nouvel art. 1 du RP CCJA.
[15] V. Décision n° 04/2014/CM/OHADA du 24 juil. 2014.
[16] F. ANOUKAHA, « L'OHADA en marche », *Annales de la FSJP de l'université de Dschang*, PUA, t. 6, 2002, p. 18 ; P.-G. POUGOUÉ et Y.-R. KALIEU ELONGO, *Introduction critique à l'OHADA*, Yaoundé, PUA, 2008, n° 84.

rapport aux intérêts de son pays que par rapport aux intérêts de l'OHADA[17].

10. Élection et profil des candidats. Les juges de la CCJA sont élus à la majorité des voix et au scrutin secret par le Conseil des ministres parmi les ressortissants des pays de l'OHADA. Les candidats aux fonctions de juge à la CCJA sont présentés par les États, au moins quatre mois avant la tenue des élections, sur invitation du secrétaire permanent. Chaque État ne peut présenter que deux candidats au plus. Après réception des différentes candidatures, le secrétaire permanent en dresse une liste par ordre alphabétique et la communique aux États parties un mois au moins avant les élections[18]. Peuvent être présentés comme candidats aux fonctions de juge à la CCJA : les magistrats, les avocats inscrits au barreau de l'un des États parties et les professeurs de Droit, à condition que ces personnalités soient ressortissantes d'un État membre et justifient d'au moins 15 années d'expérience professionnelle. Les candidats magistrats doivent, en plus, réunir les conditions requises pour l'exercice dans leurs pays respectifs de hautes fonctions judiciaires. Un tiers des juges de la Cour doit appartenir à la catégorie des avocats et des professeurs de Droit[19]. Mais, la Cour ne peut comprendre plus d'un ressortissant du même État.

Les conditions requises des candidats au poste de juge à la CCJA, même si elles sont intéressantes, sont cependant loin d'être entièrement satisfaisantes. Au-delà de la nationalité et de l'appartenance du candidat à des corps

---

[17] S.-P. LEVOA AWONA, *Les Compétences juridictionnelles dans l'espace OHADA et l'espace CEMAC*, Thèse, Université de Yaoundé II-Soa, 2009, p. 161.

[18] Art. 33 du Traité.

[19] Art. 31, al. 4 du traité de l'OHADA. Il s'agit là d'une innovation, car avant la modification du traité de l'OHADA, la présence de juges issus de ces deux corps de métiers n'était qu'une faculté.

professionnels bien identifiés, il semble que doit également rentrer comme critère dans le choix des juges de la CCJA la représentativité des divers systèmes juridiques des pays membres de l'OHADA. En l'état actuel, où il y a un pays membre de l'OHADA dont l'une des composantes applique le *Common Law*[20], il est souhaitable que ce système juridique soit représenté au sein de la CCJA[21]. Il est ensuite souhaitable que les juges de la CCJA reflètent la diversité linguistique des pays membres de l'OHADA. L'OHADA compte en son sein des pays comme la Guinée Bissau dont la langue officielle est le portugais, la Guinée Équatoriale qui a comme langues officielles l'espagnol et le français, ou encore le Cameroun dont les langues officielles sont le français et l'anglais. La modification de l'article 42 du Traité, qui a ajouté au français comme langue de travail de l'OHADA, l'anglais, l'espagnol et le portugais, pourrait aussi avoir une incidence sur la composition de la CCJA dont les juges devraient être le reflet de cette diversité linguistique[22].

11. Début des fonctions. Après leur élection, les juges prêtent serment de bien et fidèlement remplir leurs fonctions en toute impartialité. La période de fonctions des membres de la Cour commence à courir le 1er janvier de l'année suivant leur élection. Toutefois, la période de fonctions des juges élus lors de la première élection commence à courir 60 jours après cette élection. La période de fonctions d'un juge élu en remplacement d'un autre commence à compter de sa prestation de serment. Pour les juges élus lors de la première élection, leur mandat incluait,

---

[20] Il s'agit du Cameroun.

[21] B. MARTOR et autres, *Le Droit uniforme africain des affaires issu de l'OHADA*, Paris, Litec, 2004, n° 80.

[22] S.-P. LEVOA AWONA, Thèse, *op. cit.*, p. 160.

en outre, la période allant de la date de cette élection au 31 décembre de l'année de l'élection[23].

12. Statut. Les juges de la CCJA sont inamovibles et jouissent, dans l'exercice de leurs fonctions, de privilèges et immunités diplomatiques. Toutefois, selon les circonstances, ces immunités et privilèges peuvent être levés par le Conseil des ministres. Pour des actes accomplis en dehors de l'exercice de leurs fonctions, les juges de la CCJA ne peuvent être poursuivis qu'avec l'autorisation de la Cour. Les juges de la CCJA ne peuvent exercer des fonctions politiques ou administratives et l'exercice de toute autre activité rémunérée doit être autorisé par la Cour. Malgré leur égalité de principe, la loi organise un ordre de préséance entre les juges de la CCJA. Ainsi, le président, le premier et le deuxième vice-président prennent rang avant les autres membres de la Cour. Ensuite, les membres de la Cour prennent rang selon la date à laquelle ils sont entrés en fonction. En d'autres termes, les plus anciens dans la fonction ont une préséance sur les autres. Enfin, les membres de la Cour entrés en fonction à la même date prennent rang entre eux selon leur âge. Par conséquent, les plus âgés ont une préséance sur les moins âgés[24].

13. Remplacement. La vacance d'un siège de la Cour peut intervenir en cas de décès ou de démission d'un membre de la Cour ou si, de l'avis unanime des autres membres de la Cour, un membre a cessé de remplir ses fonctions pour toute autre cause qu'une absence de caractère temporaire, ou n'est plus en mesure de les remplir. Si la vacance d'un siège de la Cour fait suite au décès de l'un de ses membres, le président de la Cour en informe immédiatement le secrétaire permanent qui déclare le siège vacant à partir de la date du décès. Dans les autres cas de

---

[23] Art. 1er, RP CCJA.
[24] V. art. 2, RP CCJA.

vacances, le président de la Cour, après avoir invité l'intéressé à présenter à la Cour ses observations orales, en informe le secrétaire permanent qui déclare alors le siège vacant. Dans tous les cas de vacance, il revient au Conseil des ministres de procéder au remplacement du membre dont le siège est devenu vacant, pour la fraction du mandat restant à courir, sauf si cette fraction est inférieure à six mois[25].

2- Le président et les vice-présidents de la Cour

14. Élection. Les juges de la Cour élisent en leur sein un président et deux vice-présidents pour un mandat de trois ans et six mois non renouvelable. La durée du mandat du président ou des vice-présidents ne saurait aller au-delà de la durée de leur mandat en tant que membre de la Cour. Le président et les vice-présidents peuvent, toutefois, être réélus une fois au terme de leur premier mandat si ce dernier leur a été conféré pour une durée inférieure à trois ans et six mois[26]. La première élection du président se déroule sous la direction du doyen d'âge. Les élections suivantes se déroulent sous la direction du président sortant. Si ce dernier a cessé d'être membre de la Cour ou est empêché, l'élection se déroule sous la direction du membre de la Cour exerçant la présidence de la Cour[27]. Le vote du président a lieu au scrutin secret, après que le membre de la Cour exerçant la présidence a indiqué le nombre de voix requis pour être élu. Seuls les membres de la Cour présents participent au vote. Le membre de la Cour qui obtient les voix de la majorité des membres composant la Cour au moment de l'élection est déclaré élu. À partir du troisième tour de scrutin, la majorité relative suffit. L'élection du

---

[25] V. art. 35 du traité de l'OHADA.

[26] Ce serait le cas d'un président élu en remplacement d'un autre démissionnaire.

[27] Conformément à l'ordre de préséance établi par l'art. 2 du RP CCJA.

premier et du deuxième vice-président se déroule sous la direction du président nouvellement élu et obéit aux mêmes règles que celles du président[28].

15. Remplacement et attributions. Si le président ou les vice-présidents cessent de faire partie de la Cour ou démissionnent de leurs fonctions avant le terme normal de celles-ci, on procède à leur remplacement pour la période restant à courir. Le président dirige les travaux et contrôle les services de la Cour. Il en préside les séances, représente la Cour et exerce toute autre mission qui lui est confiée par celle-ci. En cas de vacance de la présidence de la Cour, le premier vice-président assure la présidence de la Cour. Si ce dernier est à son tour empêché, la présidence de la Cour est dévolue au deuxième vice-président. En cas d'empêchement de ce dernier, la présidence de la Cour est confiée à l'un des juges, suivant l'ordre de préséance déterminé par le Règlement de procédure de la CCJA[29].

B- Les membres nommés

Ils sont constitués de greffiers (1), d'un secrétaire général de la Cour (2) et de juristes référendaires (3).

1- Les greffiers

16. Nomination. Il existe au sein de la CCJA un greffe qui a à sa tête un greffier en chef éventuellement assisté d'un ou plusieurs greffiers adjoints, sur décision de la Cour. Le greffier en chef est nommé par le président de la CCJA après avis de cette dernière. Avant d'entrer en fonction, le greffier en chef prête serment[30]. Le choix du président est

---

[28] V. art. 6, RP CCJA.

[29] V. supra n° 12.

[30] La formule du serment contenue dans l'article 11 du RP CCJA est ainsi libellée : « Je déclare solennellement que j'exercerai en toute loyauté, discrétion et conscience les fonctions qui m'ont été confiées en

effectué parmi les greffiers en chef ayant exercé leurs fonctions pendant au moins 15 ans et présentés par les États parties. Sans doute, dans la perspective de renforcer l'autorité du président sur le greffier en chef, la durée en fonction de ce dernier est passée de sept ans renouvelables une fois[31] à quatre ans renouvelables une fois. Lorsqu'il en existe, le(s) greffier(s) adjoints est (sont) également nommé(s) par le président de la Cour, mais sur proposition du greffier en chef[32]. Les greffiers adjoints ne prêtent pas serment et la durée de leur fonction n'a pas été déterminée par la loi. Le président de la CCJA pourrait donc y mettre un terme à tout moment moyennant, semble-t-il, l'avis de la Cour et du greffier en chef. En ce qui concerne le profil des personnes pouvant être nommées greffiers adjoints à la CCJA, la loi ayant également gardé le silence, le président jouit en la matière d'une marge de manœuvre importante. Il pourrait nommer des personnes appartenant ou pas au corps des greffes, peu importe le nombre d'années d'expérience dans la profession.

17. Remplacement. Le greffier en chef de la CCJA est remplacé à la fin de la durée de ses fonctions. Ce remplacement peut aussi intervenir avant, si le greffier en chef est relevé de ses fonctions. La compétence pour relever de ses fonctions un greffier en chef appartient au président de la CCJA, après avis de la Cour. Le greffier en chef de la CCJA peut être relevé de ses fonctions lorsque, notamment, il n'est pas en mesure d'exercer ses fonctions ou s'il a manqué aux obligations qui lui incombent. Avant d'être relevé de ses fonctions, le greffier en chef de la CCJA est informé par le président de la mesure envisagée, dans une

---

ma qualité de greffier en chef de la Cour commune de Justice et d'Arbitrage et que j'observerai scrupuleusement le secret attaché à mes fonctions. »

[31] Art. 10, RP CCJA.

[32] Art. 14, RP CCJA.

communication écrite qui en expose les raisons et indique tous les éléments de preuve s'y rapportant. La possibilité lui est ensuite donnée de présenter ses observations à une séance privée de la Cour[33].

En ce qui concerne les greffiers adjoints, pour que la question de leur remplacement se pose, il faut au préalable qu'à la fin des fonctions du greffier adjoint sortant, la Cour renouvelle son intention d'adjoindre au greffier en chef un ou plusieurs greffiers adjoints. Si le principe du renouvellement est acquis, le remplacement devrait se faire par voie de nomination par le président d'un nouveau greffier adjoint, après avis du greffier en chef.

La procédure de remplacement du greffier en chef quant à elle, emprunte une voie bien différente. En effet, en cas de vacance effective ou imminente du greffier en chef, le président avise les Gouvernements des États parties dès l'ouverture de la vacance ou, si la vacance doit résulter de l'expiration des fonctions du greffier en chef, six mois au moins avant cette expiration. Une fois informés, les États parties font des propositions de candidatures à la Cour. Ces propositions doivent être faites dans le délai fixé par le président pour la clôture de la liste des candidats. Les propositions des États parties doivent être accompagnées de tout renseignement utile sur les candidats et indiquer notamment leur âge, leur nationalité, les fonctions qu'ils ont exercées dans le passé et leurs occupations actuelles. Le président, après communication aux membres de la Cour de la liste des candidats, sollicite l'avis de la Cour sur ces candidatures[34].

Si le remplacement du greffier en chef intervient avant l'expiration de la durée de ses fonctions, l'article 17 non modifié du Règlement de procédure de la CCJA énonce que

---

33 Art. 16, RP CCJA.
34 Art. 10, RP CCJA.

son successeur est nommé, non pour la durée restante des fonctions, mais pour une période de sept années. La mention par le législateur dans cet article d'une période de sept années, alors que la durée des fonctions du greffier en chef a été ramenée à quatre ans est incompréhensible. Il n'est pas logique que la durée des fonctions du greffier en chef nommé en remplacement soit plus longue que celle de son prédécesseur. L'explication la plus plausible est qu'il y a eu un oubli de la part du législateur qui, après avoir modifié la durée des fonctions du greffier en chef, n'en a pas tiré les conséquences à l'article 17 qui est malheureusement resté inchangé. Ainsi, ce qu'il faut finalement retenir c'est que le greffier en chef nommé en remplacement, avant l'expiration des fonctions de son prédécesseur, l'est pour une période de quatre années. Comme pour tous les greffiers en chef de la CCJA, les fonctions de ce greffier en chef sont également renouvelables une fois.

18. Attributions. Le greffier en chef de la CCJA dispose d'attributions nombreuses et variées qu'il exerce sous l'autorité du président. Au regard de la loi, le greffier en chef est responsable de l'organisation et des activités du greffe. Il assure le secrétariat de la Cour et à ce titre, assiste en personne aux séances de la Cour et fait établir les procès-verbaux de ces séances. C'est également le greffier en chef qui sert d'intermédiaire pour les communications, notifications ou significations émanant de la Cour ou adressées à celle-ci au sujet des affaires portées ou à porter devant elle. Le greffier en chef a aussi la garde des Sceaux et la responsabilité des archives et des publications de la Cour. C'est encore le greffier en chef qui assure la responsabilité de tous les travaux administratifs et en particulier de la comptabilité et de la gestion financière.

Enfin, le greffier en chef assume toute autre fonction que le président pourrait lui confier à tout moment[35].

Par ailleurs, il est tenu au greffe, sous la responsabilité du greffier en chef, un registre coté et paraphé par le président sur lequel sont inscrits à la suite et dans l'ordre de leur présentation, tous les actes de procédure et les pièces déposées à l'appui. Tout intéressé peut consulter le registre au greffe et en obtenir des copies ou des extraits suivant le tarif du greffe établi par la Cour sur proposition du greffier en chef[36].

2- Le Secrétaire général de la Cour

19. Nomination. Situation antérieure et situation actuelle. Le secrétariat général de la Cour a à sa tête un secrétaire général nommé par le président de cette juridiction. Cette nomination requiert au préalable l'avis de la Cour.

Dans la version initiale du traité de l'OHADA, il n'existait pas un poste de secrétaire général de la Cour. C'est le greffier en chef de la Cour qui en assurait également les fonctions de secrétaire général[37]. Par conséquent, en nommant le greffier en chef de la Cour, le président de la CCJA désignait par la même occasion, la personne appelée, le moment venu, à faire office de secrétaire général de cette juridiction. Le greffier en chef de la CCJA était donc à la fois secrétaire général du centre d'arbitrage et secrétaire de la Cour dans ses fonctions judiciaires et consultatives[38]. En

---

[35] Art. 12, RP CCJA.
[36] Art. 13, RP CCJA.
[37] Art. 1.1, al. 4 de l'ancien RA CCJA.
[38] B. GUEYE, S. NOUROU TALL et M. KAMTO, Commentaire du Traité du 17 octobre 1993 relatif à l'harmonisation du droit des affaires en Afrique, *in OHADA Traité et actes uniformes commentés et annotés*, Juriscope, 2018, pp. 64-65.

créant un poste de secrétaire général de la Cour, l'article 39, alinéa 2 du traité de l'OHADA met fin à l'exercice des fonctions de secrétaire général par le greffier en chef.

20. Attributions. Le rôle du secrétaire général de la CCJA consiste à assister celle-ci dans l'exercice de ses attributions d'administration de l'arbitrage CCJA[39]. Le domaine d'intervention du secrétaire général couvre l'ensemble des compétences de la Cour dans l'arbitrage CCJA, c'est-à-dire à la fois les fonctions administratives et les fonctions juridictionnelles. Nombreux et variés, les actes posés par le secrétaire général dans l'arbitrage CCJA font de lui un facilitateur qui sert notamment de courroie de transmission entre les divers intervenants de la procédure arbitrale. Ainsi en est-il des rapports entre la Cour et le tribunal arbitral où c'est le secrétaire général qui assure la liaison. Par exemple, à l'article 23.1 du règlement d'arbitrage de la CCJA, il est indiqué que le tribunal arbitral transmet les projets de sentences au secrétaire général pour examen par la Cour avant signature. Le rôle d'agent de liaison du secrétaire général concerne aussi les rapports entre le tribunal arbitral et les parties. On en veut comme preuve, l'article 25.1 du règlement d'arbitrage de la CCJA qui dispose que « la sentence rendue, le secrétaire général en notifie aux parties le texte signé du tribunal arbitral… » ou encore l'article 32 du même texte qui prévoit que le recours en révision est déposé auprès du secrétaire général qui le transmet au tribunal arbitral. Enfin, le rôle d'interface du secrétaire général se ressent dans les rapports entre la Cour et les parties à l'arbitrage. C'est l'exemple de l'article 3.3 du règlement d'arbitrage de la CCJA qui prévoit que c'est le secrétaire général qui communique aux parties à l'arbitrage la liste des arbitres établie par la Cour. Au-delà du rôle de courroie de transmission, le secrétaire

[39] Art. 39, al. 2, traité de l'OHADA.

général de la CCJA assume les fonctions d'un véritable greffe de juridiction. C'est à ce titre que toute sentence arbitrale CCJA est déposée en original auprès du secrétaire général à charge pour ce dernier de délivrer à la partie qui fait la demande, une copie certifiée conforme à l'original[40].

3- Les juristes référendaires

21. Nomination, nombre, rôle et profil. Les juristes référendaires sont nommés par le Conseil des ministres et leur nombre est fixé par le président de la CCJA, compte tenu du volume du contentieux et des disponibilités financières de l'organisation.

Les juristes référendaires ont pour mission d'assister les juges de la CCJA[41]. Ils constituent à cet effet un élément d'accélération du règlement des litiges au sein de la CCJA. À la Cour de justice de l'Union européenne et à la Cour de justice communautaire CEMAC où ils existent aussi, les juristes référendaires forment le cabinet du juge et même des avocats généraux[42]. Ils assistent les juges dans

---

[40] Art. 28 et 31.1, RA CCJA.

[41] J. WAMBO, *Le Règlement de procédure de la Cour commune de justice et d'arbitrage de l'OHADA et ses textes d'application*, éd. Jerbas, 2020, pp. 102 et s. Selon l'auteur, qui est par ailleurs juriste référendaire à la CCJA, cette assistance consiste en la rédaction de la « note juridique » (faisant ressortir les faits de la cause et la procédure, les moyens de cassation et de réponse des parties, les problèmes juridiques auxquels la Cour doit répondre, le cas échéant la jurisprudence antérieure de la Cour se rapportant aux cas similaires et les diverses propositions de solutions), l'accomplissement d'une tâche précise dans le dossier (recherche d'éléments de jurisprudence, de l'état de la législation dans un pays de l'OHADA, etc.) et la mise en état des dossiers.

[42] P. KAMTOH, *Introduction au système institutionnel de la CEMAC*, éd. Afredit, 2014, pp. 92-93 ; C. BLUMANN et L. DUBOUIS, *Droit institutionnel de l'Union européenne*, Paris, Lexisnexis, 7e éd., 2019, n° 925.

l'instruction des dossiers, contribuent à la rédaction des rapports préalables, des rapports d'audience et des arrêts[43]. Au sujet du profil des juristes référendaires, il ressort de leur appellation ou dénomination qu'il s'agit de juristes : magistrats, avocats, greffiers, universitaires. À la Cour de justice de l'Union européenne, les juristes référendaires peuvent aussi être des fonctionnaires de l'Union européenne[44].

22. La légalité de l'institution des juristes référendaires en question. Pour une partie de la doctrine, « la réforme dans l'alinéa 2 [de l'article 26 du règlement de procédure de la CCJA] a entériné les fonctions des juristes référendaires instituées par le Règlement portant statut du personnel de l'OHADA »[45]. Cependant, à la lecture du Règlement n° 003/2009/CM/OHADA portant révision du statut du personnel de l'OHADA en date du 19 décembre 2009, il n'existe pas parmi les personnels de l'OHADA les juristes référendaires. Vraisemblablement, pour conclure à l'institution des fonctions de juristes référendaires dans le Règlement relatif au statut du personnel OHADA, cette partie de la doctrine s'est appuyée sur la mention dans ce texte des postes d'Assistants-juristes et juristes[46]. Toutefois, si telle est bien la démarche qui a été retenue, elle encourt la critique. En l'absence d'indications législatives allant clairement dans ce sens, il est difficile d'adhérer à l'assimilation des postes de juristes référendaires et d'Assistants-juristes et juristes.

---

[43] P. KAMTOH, *ibid.* ; C. BLUMANN et L. DUBOUIS, *ibid.*

[44] J. BOUDANT, *La Cour de justice des communautés européennes*, Paris, Dalloz, 2005, p. 22.

[45] J.-C. BONZI et I. YAYE, Commentaire du règlement de procédure de la CCJA du 18 avril 1996 tel que modifié par le règlement n° 001/2014/CM du 30 janvier 2014, *in OHADA Traité et actes uniformes commentés et annotés*, *op. cit.*, p. 103.

[46] Art. 4.2 de ce Règlement.

En réalité, l'institution des juristes référendaires au sein de la CCJA pose un problème de respect de la hiérarchie des normes OHADA. Le Traité de l'OHADA se situe au-dessus du Règlement de procédure de la CCJA. Or, il se trouve que, dans le Traité de l'OHADA qui crée la CCJA et en énumère les membres, il n'existe nulle part les juristes référendaires[47]. Le règlement de procédure de la CCJA outrepasse donc clairement ses pouvoirs en tirant profit de la réglementation de la procédure pour instituer un nouveau poste au sein de la CCJA. C'est là une raison suffisante pour suggérer l'idée de l'institution au sein de la CCJA d'un recours en appréciation de la légalité des actes des organes et institutions de l'OHADA. En attendant que peut-être, un jour, pareille idée reçoive un accueil favorable, force est de reconnaître la nécessité pour le Conseil des ministres de solliciter l'avis de la CCJA lorsqu'il entreprend de légiférer par voie de règlements ou de décisions[48].

§2- Les membres proposés par la doctrine

24. Fondements. La composition de la CCJA, du point de vue des membres de cette juridiction, nourrit d'importantes réflexions dans la doctrine. Pour l'essentiel, ces réflexions mettent clairement en évidence la situation particulière de la CCJA. Juridiction communautaire, la CCJA s'éloigne cependant des modèles existants, dans la mesure où elle emprunte beaucoup son mode de fonctionnement aux juridictions nationales de cassation. Ainsi, certains auteurs prenant appui sur la nature de la CCJA comme juridiction communautaire y ont suggéré la création d'avocats généraux (B), alors que d'autres, considérant le fonctionnement de cette juridiction à l'image

---

[47] J. WAMBO, *ibid.*

[48] On pourrait aussi remédier à l'illégalité du poste de juriste référendaire en insérant ce poste dans le Règlement portant statut du personnel de l'OHADA.

des cours suprêmes nationales, y ont suggéré la mise en place d'un ministère public (A).

A- Le ministère public

25. Idée de la création du ministère public. Le droit de l'OHADA n'a pas prévu de ministère public au sein de la CCJA. L'absence de ministère public devant la CCJA s'explique probablement par le fait que la CCJA doit rester incompétente pour connaître des litiges relatifs aux infractions prévues par le droit de l'OHADA[49]. Mais, il ne faut pas oublier que le rôle du ministère public ne se limite pas au déclenchement éventuel et à l'exercice de l'action publique. Devant les cours suprêmes nationales en effet, le rôle du ministère public consiste aussi à veiller, à travers le pourvoi dans l'intérêt de la loi et le pourvoi pour excès de pouvoir, à l'application correcte de la loi par les juges du fond[50]. Se fondant sur cette deuxième fonction du pourvoi en cassation, une partie importante de la doctrine a proposé l'institution dans l'OHADA d'un pourvoi dans l'intérêt de la loi dont l'exercice serait confié à un ministère public qu'il

---

[49] V. infra n° 45.

[50] Au Cameroun, par exemple, le pourvoi dans l'intérêt de la loi est formé sur initiative du procureur général près la Cour suprême contre tout acte juridictionnel des juridictions inférieures devenu définitif et entaché de violation de la loi. Les parties au litige ne sauraient se prévaloir de l'éventuelle cassation qui interviendrait à la suite d'un tel pourvoi. Quant au pourvoi d'ordre, il est également exercé par le procureur général près la cour suprême et à l'encontre de tout acte juridictionnel des juridictions inférieures devenu définitif et entaché de violation de la loi. Mais, à la différence du pourvoi dans l'intérêt de la loi, le pourvoi d'ordre est exercé par le procureur général sur ordre du ministre de la Justice et la cassation qui interviendrait à la suite d'un tel pourvoi produit effet à l'égard de toutes les parties. V. art. 36 de la loi n° 2006/016 du 29 déc. 2006 fixant l'organisation et le fonctionnement de la cour suprême.

faudrait également instituer au sein de la CCJA[51]. Au ministère public qu'ils proposent de créer, ces auteurs lui assignent deux missions. D'une part, faire respecter la délimitation des compétences entre la CCJA et les cours suprêmes nationales. Le ministère public près la CCJA se chargerait alors de porter devant elle les décisions des cours suprêmes nationales qui auraient été rendues en violation des règles de délimitation des compétences entre la CCJA et les cours suprêmes nationales. D'autre part, le ministère public près la CCJA serait chargé de faire respecter l'ordre juridique de l'OHADA par les juridictions nationales du fond. Il se chargerait ainsi de porter devant la CCJA les décisions des juridictions nationales inférieures contraires au droit de l'OHADA, mais qui ne peuvent plus faire l'objet d'un pourvoi en cassation exercé par les parties.

26. Appréciation. L'idée d'instituer un ministère public chargé de veiller au respect du droit de l'OHADA par les juridictions nationales est intéressante.

Au niveau des juges nationaux du fond, il est évident que le pourvoi en cassation émanant des parties au litige ne peut

---

[51] V. : J. ISSA-SAYEGH et J. LOHOUES-OBLE, *OHADA Harmonisation du droit des affaires*, Bruxelles, Bruylant, 2002, n° 453 ; F. ANOUKAHA, « L'OHADA en marche », *op. cit.*, p. 18 ; P.-G. POUGOUÉ et Y.-R. KALIEU ELONGO, *op. cit.*, n° 28 ; E. NSIE, « La Cour commune de justice et d'arbitrage », *Penant*, n° 828, 1998, p. 312 ; A.-F. TJOUEN, *Les rapports entre les juridictions suprêmes nationales et la cour commune de justice et d'arbitrage de l'organisation pour l'harmonisation en Afrique du droit des affaires (OHADA),* Thèse, Paris II, 2006, pp. 261 et s. ; L. BENKEMOUN, « Les rapports entre les juridictions de cassation nationales et la CCJA de l'OHADA : aspects conceptuels et évaluation », Colloque international tenu à Lomé (Togo) du 6 au 9 juin 2006 sur le thème : « Les rapports entre les juridictions de cassation nationales et la Cour commune de Justice et d'arbitrage de l'OHADA : bilan et perspectives d'avenir », Deuxième communication introductive, *Penant*, n° 860, 2007, p. 303, etc.

pas permettre à lui tout seul un contrôle efficace de la bonne application du droit de l'OHADA par les juges du fond. En effet, non seulement les parties au litige peuvent renoncer à former un pourvoi en cassation devant la CCJA, mais en plus, quand bien même elles en auraient formé un, celui-ci peut être déclaré irrecevable par la CCJA alors qu'il était pourtant fondé sur une violation grave et manifeste du droit de l'OHADA. Si la violation porte sur une question suffisamment importante et que la CCJA n'en a pas encore été saisie pour dire le droit, le ministère public pourrait alors, via le pourvoi dans l'intérêt de la loi, saisir la CCJA de cette question.

Au niveau des cours suprêmes nationales, il est tout aussi évident que le respect du droit de l'OHADA et notamment, la répartition des compétences entre ces juridictions et la CCJA sont une nécessité. Aussi, pour garantir le respect de cette délimitation des compétences juridictionnelles, le traité de l'OHADA a-t-il mis en place trois moyens : le recours en annulation[52], le mécanisme du renvoi par une juridiction nationale de cassation saisie à tort d'un litige ressortissant de la compétence de la CCJA[53] et la saisine de la CCJA par une partie à l'instance en cassation devant la juridiction nationale de cassation[54]. Or, ces moyens sont loin d'avoir une efficacité absolue. Le recours en annulation, malgré ses effets énergiques, repose sur des conditions de recevabilité assez rigoureuses qui en rendent l'exercice parfois malaisé. La technique du renvoi quant à elle, recèle une faiblesse due au fait que sa mise en œuvre dépend exclusivement de la volonté des juridictions nationales de cassation. Libres de la mettre en œuvre, elles peuvent aussi décider de ne pas le faire. Enfin, par ignorance des règles de délimitation des compétences, les

[52] V. art. 18 du traité de l'OHADA.
[53] V. art. 15 du traité de l'OHADA.
[54] V. art. 16 du traité de l'OHADA.

parties à l'instance en cassation devant la Cour suprême nationale pourraient omettre de saisir la CCJA. Tout ceci fonde alors l'intérêt d'ajouter aux différents moyens existants le pourvoi dans l'intérêt de la loi dont l'exercice serait confié au ministère public près la CCJA.

B- Les avocats généraux

27. Origines françaises de l'institution. Dans la plupart des cours de justice communautaire, il existe des avocats généraux. Tel est le cas dans la Cour de justice de la CEMAC[55], la cour de justice de l'UEMOA ou encore la cour de justice de l'Union européenne[56]. Dans le droit de l'Union européenne qui a inspiré les législations communautaires de la CEMAC et de l'UEMOA, l'institution de la fonction d'avocat général au sein de la cour de justice communautaire trouve son origine dans une proposition de la délégation française du ministère des Affaires étrangères[57]. Du rapport de cette délégation, il ressort notamment ceci : « Cette institution, sous réserve de la dénomination, qui aurait pu prêter à équivoque, est l'homologue des commissaires du Gouvernement qui existent généralement en France devant les juridictions administratives et, notamment, devant le Conseil d'État statuant au contentieux. Nul n'ignore le haut degré d'indépendance dont le corps des commissaires du Gouvernement du Conseil d'État est traditionnellement animé ni l'importance du rôle que ces magistrats ont exercé et continuent d'exercer, tant dans le développement de la jurisprudence que dans la collaboration avec ce qu'on est convenu d'appeler la doctrine. C'est avec la conviction

---

[55] P. KAMTOH, *Introduction au système institutionnel de la CEMAC*, *op. cit.*, pp. 89 et s.

[56] C. BLUMANN et L. DUBOUIS, *Droit institutionnel de l'Union européenne*, *op. cit.*, n° 925 et s.

[57] J. BOUDANT, *op. cit.*, p. 16.

qu'une telle institution procurera à la nouvelle Cour ces mêmes effets bienfaisants que nos partenaires ont accepté de les faire profiter des fruits d'une expérience essentiellement française »[58].

Devant les juridictions administratives françaises, les commissaires du Gouvernement sont appelés, depuis le décret n° 2009-14 du 7 janvier 2009, rapporteurs publics. Malgré ce changement de dénomination, le rôle dévolu au rapporteur public est identique à celui qu'exerçait le commissaire du Gouvernement. Ainsi, comme à l'époque du commissaire du gouvernement, le rapporteur public n'est pas le représentant de l'État, le porte-parole du Gouvernement ou même de l'administration. L'État ou l'administration qui souhaite défendre ses intérêts devant la juridiction administrative a la possibilité de s'attacher les services d'un avocat. Le rapporteur public n'est pas non plus un juge, il n'appartient pas à la formation de jugement et c'est pourquoi il doit s'abstenir de participer au délibéré. Enfin, même s'il est souvent considéré comme le ministère public auprès des juridictions administratives, le rapporteur public ne cumule pas l'ensemble des attributions du ministère public dans la procédure pénale et dans la procédure civile. En réalité, c'est seulement avec le ministère public agissant comme partie jointe dans le procès civil que la mission du rapporteur public comporte des similitudes. En effet, comme partie jointe, le ministère public intervient dans un procès déjà engagé entre les parties pour indiquer la solution qui, selon lui, paraît la plus satisfaisante. Cela rejoint effectivement le rôle du rapporteur public qui consiste à « présenter [au moyen de conclusions] des observations à la formation de jugement, à propos de l'affaire portée devant elle, pour lui indiquer

[58] Rapport de la délégation française sur le traité CECA, ministère des Affaires étrangères, Paris, octobre 1951, p. 32, cité par J. BOUDANT, *op. cit.*, p. 17.

quelle devrait être, selon lui, la solution conforme à une saine interprétation de la loi »[59]. Les conclusions du rapporteur public ne sont pas obligatoires pour les juges qui peuvent les suivre ou s'en écarter. Toutefois, par la réflexion approfondie qu'elles proposent de la question, elles constituent un outil important d'aide à la décision, de compréhension et même éventuellement de remise en cause de la solution qui sera finalement adoptée. C'est ce qui justifie que ces conclusions soient souvent reproduites dans les recueils de jurisprudence avec l'arrêt du Conseil d'État.

28. Statut et missions de l'avocat général. À l'analyse des missions et du statut de l'avocat général devant les cours de justice communautaires, on ressent nettement l'influence de l'institution qui en a été l'inspiratrice[60]. Il faut en effet savoir que devant les juridictions communautaires, l'avocat général n'est pas le représentant des intérêts des États ou même de son pays d'origine. Il n'est pas non plus le représentant ou le défenseur des intérêts de la communauté. Enfin, même si sa dénomination évoque le ministère public devant les juridictions civiles et pénales, l'avocat général n'est pas un procureur chargé de la poursuite des infractions au droit communautaire. À l'image du rapporteur public, le rôle des avocats généraux est un rôle de préparation à la décision de la Cour et consiste plus précisément à proposer dans leurs conclusions et en toute indépendance et impartialité, la solution juridique qui leur semble appropriée à l'affaire en cause ; la Cour étant libre de suivre cette solution ou pas. Par ailleurs, les avocats généraux ne participent pas au délibéré qui relève exclusivement des juges. Par souci d'éviter un allongement

---

[59] R. PERROT, B. BEIGNIER et L. MINIATO, *Institutions judiciaires*, Paris, Montchrestien, 17e éd., 2018, n° 523.

[60] M. DARMON, « La fonction d'avocat général à la Cour de justice des communautés européennes », *Mélanges R. Perrot*, Paris, Dalloz, 1995, pp. 75 et s.

des délais de jugement, l'intervention des avocats généraux dans les affaires soumises à la Cour n'est pas systématique. Devant la Cour de justice de la CEMAC, l'intervention de l'avocat général est possible s'il est saisi de l'affaire par la Cour[61]. Quant à la Cour de justice de l'Union européenne, elle peut se dispenser des conclusions de l'avocat général si elle estime que l'affaire ne soulève aucune question de droit nouvelle. Au demeurant, la Cour de justice de l'Union européenne résume fort opportunément le statut et la mission des avocats généraux en ces termes : « Les avocats généraux, entre lesquels n'existe aucun lien de subordination, ne constituent pas un parquet ni un ministère public et ne relèvent d'aucune autorité, à la différence de ce qui ressort de l'organisation judiciaire dans certains États membres. Dans l'exercice de leurs fonctions, ils ne sont chargés de la défense de quelque intérêt que ce soit. Les conclusions de l'avocat général mettent fin à la procédure orale. Se situant en dehors du débat entre les parties, les conclusions ouvrent la phase du délibéré de la Cour. Il ne s'agit donc pas d'un avis destiné aux juges ou aux parties qui émanerait d'une autorité extérieure à la Cour ou emprunte (rait) son autorité à celle d'un ministère public, mais de l'opinion individuelle, motivée et exprimée publiquement, d'un membre de l'institution elle-même. L'avocat général participe ainsi publiquement et personnellement au processus d'élaboration de la décision de la Cour et, partant, à l'accomplissement de la fonction juridictionnelle confiée à cette dernière »[62].

29. Proposition de création des avocats généraux au sein de la CCJA. Peu de temps après la création de la CCJA, il a été proposé dans la doctrine, l'institution en son sein du poste d'avocat général. Un auteur affirme dans ce

---

[61] P. KAMTOH, *op. cit.*, pp. 89-90.

[62] CJUE, ord. du 4 févr. 2000, Emesa Sugar (*Free Zone*) NV et Aruba, aff. C-17/98, Rec. I-665.

sens que : « A l'instar de la Cour de justice des communautés européennes composée de neuf avocats généraux, le traité d'harmonisation aurait pu prévoir seize avocats généraux, à raison d'un par État, nommés dans les mêmes conditions que les juges du siège, requérant par rotation, en fonction de la nationalité des parties ou de la juridiction d'appel dont la décision est attaquée. Ce parquet aurait certainement apporté au fonctionnement de la Cour »[63].

Au regard du rôle des avocats généraux au sein des cours de justice communautaires, il est difficile de soutenir que la création au sein de la CCJA d'un poste d'avocat général serait dénuée d'intérêt. Le travail d'éclairage ou de réflexion fait par l'avocat général pourrait bien s'avérer fort utile dans l'optique de l'amélioration de la qualité des décisions de la CCJA, de leur compréhension et éventuellement de leur remise en cause. Pas besoin à notre avis, qu'il y ait autant d'avocats généraux que d'États parties, ce qui ferait en tout 17 avocats généraux pour la CCJA. En réalité, pour l'ensemble de la CCJA, on pourrait avoir un seul avocat général comme c'est le cas à la Cour de justice de la CEMAC. Pour éviter que l'avocat général ne devienne une source de lenteur judiciaire, son intervention se ferait à la demande de la CCJA.

En définitive, même si, il faut le reconnaître, la présence d'un avocat général n'est pas indispensable à la CCJA, elle pourrait cependant s'avérer utile pour certaines affaires. Comme par ailleurs, aucune raison de technique juridique ne s'oppose à l'existence au sein de la CCJA d'un avocat général, il faut en conclure que ce sont principalement les raisons idéologiques qui ont conduit le législateur OHADA à ne pas créer au sein de l'OHADA la fonction d'avocat

---

[63] E. NSIE, *op. cit.*, p. 314.

général[64]. En réalité, l'OHADA se veut une organisation originale. L'absence d'avocats généraux au sein de la CCJA se situe, par conséquent, dans le prolongement de la création par l'OHADA d'une juridiction communautaire originale qui se démarque des modèles existants[65].

Section 2 : Les formations de la Cour

Les formations de la Cour diffèrent selon qu'elle statue comme cour judiciaire suprême (§1) ou comme centre permanent d'arbitrage (§2).

§1- Les formations de la CCJA comme cour judiciaire suprême

On sait, au regard de la loi, que ces formations sont constituées de la formation plénière et des chambres (A) et qu'elles jouissent d'attributions (B).

A- La formation plénière et les chambres

30. Dénomination et composition de la formation plénière. Sur le terrain, la formation plénière est appelée Assemblée plénière[66]. Dans sa version initiale, le règlement de procédure de la CCJA ne comportait aucune précision concernant la composition et la présidence de la formation plénière. Dans la pratique, on avait observé que la Cour

---

[64] S.-P. LEVOA AWONA, thèse précitée, n° 194.

[65] P.-G. POUGOUÉ et Y.-R. KALIEU ELONGO, *op. cit.*, n° 23.

[66] C'est la CCJA qui en a décidé ainsi parce que dans la loi, il est seulement fait référence à la formation plénière sans dénomination particulière. Ceci constitue évidemment une source de difficulté dans la mesure où, comme on le verra, il existe aussi une formation de la CCJA dénommée assemblée plénière lorsqu'elle agit comme centre d'arbitrage. Pour éviter des risques de confusion entre ces deux formations distinctes, il faut trouver un nom différent à l'une de ces deux formations de la CCJA.

siégeait en formation plénière présidée par le président de la Cour, mais composée tantôt de six[67], tantôt de sept juges[68]. Depuis la modification du règlement de procédure intervenue le 30 janvier 2014, il est désormais clairement énoncé à l'article 21 que lorsque la Cour siège en formation plénière, elle se compose de sept juges. Toutefois, pour une doctrine particulièrement autorisée, le nombre de sept juges exigé dans cet article correspond au quorum requis pour la validité des délibérations de la Cour lorsqu'elle siège en formation plénière. C'est ce qui justifie que dans la pratique, l'assemblée plénière soit constituée de l'ensemble des 13 juges qui composent la CCJA[69]. En ce qui concerne la présidence de la formation plénière, malgré le silence une nouvelle fois de la loi communautaire, dans les faits, l'assemblée plénière est présidée par le président de la CCJA[70].

31. Composition des chambres. Le règlement de procédure originel[71] précisait que les chambres étaient constituées par la Cour et qu'elles étaient composées de trois ou cinq juges élus par la Cour au scrutin secret et à la majorité absolue des membres présents et votants. À partir du troisième tour du scrutin, la majorité relative était suffisante. Sous l'ancien Règlement, on avait observé sur le

---

[67] Exemples : CCJA, arrêt n° 19 du 17 juin 2004, Société guinéenne d'Assurances mutuelles, dite SOGAM c. Société nationale d'Assurances mutuelles, dite SONAM et autres ; CCJA, arrêt n° 009 du 24 avril 2003, Hyjazi Samih c. Dagher Habib Rolland et Madame Dagher May née Faghali.

[68] Exemple : CCJA, ord. n° 002 du 13 juin 2001, Caisse nationale de Prévoyance sociale du Cameroun (CNPS) et Maître Ehongo Alexandre Nemès c. SARL Pamol Plantations Ltd ; CCJA, arrêt n° 004 du 11 octobre 2001, BICIG c. ENGATRANS, etc.

[69] J.-C. BONZI et I. YAYE, *op. cit.*, p. 93 et p. 98.

[70] V. par exemple . CCJA, Ass. plén., arrêt n° 069 du 29 avril 2015, La société Bougainvilliers et autres c. Monsieur Paul Mochet.

[71] Art. 9 (1) et 9 (2).

terrain que la Cour constituait deux chambres composées très souvent de trois juges et quelques fois aussi de cinq juges. Ces chambres devaient être présidées par le président de la Cour, l'un des vice-présidents et en cas d'empêchement par l'un des juges, selon l'ordre de préséance établi entre les juges de la Cour[72]. Le Règlement modifié en 2014 a apporté un changement notable dans le droit applicable à la formation des chambres de la CCJA. En effet, les juges qui composent les chambres ne sont plus élus[73] ; c'est dorénavant par ordonnance du président que les chambres sont constituées[74]. Quant à la présidence des chambres, elle est assurée, comme dans le droit antérieur, par le président de la Cour, l'un des vice-présidents ou par un simple juge[75].

B- Les attributions

32. Enjeux et lacunes législatives. La délimitation des champs d'intervention respectifs des différentes formations de la Cour recèle un enjeu indéniable dans l'optique de la célérité de la procédure et de l'amélioration de la qualité des décisions rendues. Malheureusement, sur le plan législatif, l'enjeu derrière la délimitation des compétences entre les formations de la CCJA ne semble pas avoir été pris à sa juste mesure. C'est ce qui explique par exemple que le règlement de procédure de la CCJA (l'ancien comme le nouveau) n'aborde pas la question des attributions de la

---

[72] Art. 26, RI CCJA en matières contentieuse et consultative du 24 novembre 1999. V. par exemple : CCJA, arrêt n° 008 du 27 janv. 2005, ohada.com, Ohadata J-05-190.

[73] Le règlement de procédure a de la sorte, entériné une pratique établie et en vertu de laquelle les membres des chambres étaient désignés par ordonnance de la Cour et non pas élus comme dans les prévisions de l'ancien règlement de procédure. V. J.-C. BONZI et I. YAYE, *ibid.*, p. 94.

[74] Art. 9 (3), RP CCJA. Avec l'augmentation du nombre de juges de la CCJA, on a assisté à la constitution d'une troisième chambre à la CCJA.

[75] J.-C. BONZI et I. YAYE, *op. cit.*, p. 94.

formation plénière, encore moins, celles des chambres. Quant au règlement intérieur de la Cour en matière contentieuse et consultative,[76] qui s'est intéressée à la question, il ressort de ce texte que par délibération au début de chaque année, la Cour détermine les matières relevant de la compétence de chacune des chambres. En ce qui concerne l'assemblée plénière, il est prévu à l'article 23 du même règlement intérieur qu'elle est compétente pour l'exercice des fonctions consultatives de la Cour. À l'évidence, la répartition des affaires entre les différentes formations de la Cour telle qu'elle résulte du règlement intérieur précité comporte des lacunes. Aussi, des propositions sont-elles faites dans la doctrine pour aller plus loin et envisager notamment une spécialisation des différentes chambres de la CCJA dans les différents actes uniformes dans un souci de célérité et d'efficacité[77]. Pour ce qui est de la formation plénière, elle pourrait, au-delà des affaires qui lui sont attribuées par le règlement intérieur, connaître du contentieux arbitral, du contentieux des autres normes OHADA, c'est-à-dire le traité, les règlements et les décisions, des questions contentieuses mettant en cause l'application de plusieurs actes uniformes relevant de la compétence de plusieurs chambres ou encore des recours en annulation qui comportent la délicate question des conflits d'attributions entre la CCJA et les cours suprêmes nationales.

§2- Les formations de la CCJA comme centre permanent d'arbitrage

Les formations de la CCJA agissant comme centre permanent d'arbitrage sont énumérées par le règlement intérieur de la CCJA en matière d'arbitrage en date du

---

[76] Art. 28.

[77] J.-C. BONZI et I. YAYE, *op. cit.*, p. 94.

2 juin 1999. Il ressort de ce texte que, intervenant comme centre d'arbitrage, la CCJA siège soit en assemblée plénière, soit en formation restreinte (A). Dans l'un et l'autre cas, se pose la question des attributions de ces formations de la Cour (B).

A- L'assemblée plénière et la formation restreinte

33. Composition de l'assemblée plénière. L'assemblée plénière de la CCJA est composée du président de cette juridiction, des vice-présidents et des autres juges. Elle est présidée par le président de la CCJA et en son absence par le premier vice-président ou à défaut par le second vice-président. La Cour délibère valablement en assemblée plénière lorsque cinq membres au moins sont présents. Les décisions sont prises à la majorité des voix et en cas d'égalité, la voix du président est prépondérante[78].

34. Critique de l'appellation assemblée plénière. Dans la mesure où, organiquement, il existe déjà au sein de la CCJA une cour de justice, une structure qui fonctionne sous l'appellation d'assemblée plénière, était-il véritablement opportun d'en créer une nouvelle avec la même dénomination au sein de la CCJA, centre d'arbitrage ? La réponse à cette interrogation est négative. En matière d'arbitrage CCJA, on sait qu'il est déjà reproché à la Cour d'être à la fois juge et partie, car ce sont les mêmes juges qui y exercent les attributions administratives et juridictionnelles[79]. En mettant en place une formation dénommée *assemblée plénière* et censée intervenir dans l'arbitrage CCJA, le règlement intérieur de la Cour en matière d'arbitrage crée un risque de confusion cette fois-ci organique au sein de la juridiction suprême OHADA. Se

---

[78] Art. 2.3, RI CCJA en matière d'arbitrage.

[79] P.-G. POUGOUÉ, J.-M. TCHAKOUA et A. FÉNÉON, *Droit de l'arbitrage dans l'espace OHADA*, Yaoundé, PUA, 2000, n° 277.

référer à l'assemblée plénière de la CCJA n'est donc pas suffisant ; il faudrait en plus préciser si c'est l'assemblée plénière formation administrative (lorsque la CCJA statue comme centre d'arbitrage) ou l'assemblée plénière formation juridictionnelle (lorsque la CCJA statue comme cour de justice).

35. Composition de la formation restreinte. La formation restreinte, quant à elle, comprend un président et deux membres désignés par ordonnance du président. La formation restreinte est présidée par le président de la Cour qui peut désigner pour le remplacer, en cas d'empêchement, un vice-président de la Cour. Les décisions de la formation restreinte sont prises à la majorité de ses membres. Lorsque la formation restreinte ne peut décider, elle renvoie l'affaire à la prochaine assemblée plénière de la Cour et lui fait éventuellement toute proposition qu'elle juge appropriée[80].

B- Les attributions

36. Titulaires. Les attributions de la CCJA comme centre permanent d'arbitrage sont normalement exercées par l'assemblée plénière. Toutefois, la Cour peut déléguer à une formation restreinte de ses membres un ensemble de pouvoirs sous réserve qu'elle soit informée des décisions prises à sa prochaine réunion[81].

37. Étendue. L'article 2.4 du règlement intérieur de la CCJA en matière d'arbitrage est ainsi libellé : « Le président de la Cour peut prendre, en cas d'urgence, les décisions nécessaires à la mise en place et au bon déroulement de la procédure arbitrale, sous réserve d'en informer la Cour à sa prochaine réunion, à l'exclusion des décisions qui requièrent un arrêt de la Cour. Il peut déléguer

[80] Art. 2.6 et 2.7, RI CCJA en matière d'arbitrage.
[81] Art. 2.5, RI CCJA en matière d'arbitrage.

ce pouvoir à un membre de la Cour sous la même condition ». En procédant à une interprétation *a contrario* de cette disposition, on en tire la conclusion que, en dehors des cas où il y a urgence, la compétence pour régler les questions relatives à la mise en place et au bon déroulement de la procédure arbitrale revient à la Cour. Les attributions administratives de la CCJA dans l'arbitrage peuvent être déléguées par cette dernière, à une formation restreinte à charge pour cette dernière d'informer la Cour au cours de la prochaine réunion des décisions prises.

En revanche, au sujet des attributions juridictionnelles de la CCJA, la compétence exclusive pour en connaître est dévolue aux formations de la CCJA, cour judiciaire suprême. Il en est ainsi parce que dans toutes ces hypothèses, c'est le règlement d'arbitrage de la CCJA qui, lui-même, établit la compétence des formations de la Cour agissant comme cour judiciaire suprême, ceci à cause du renvoi qui est fait dans l'exercice de ces attributions juridictionnelles à l'application du règlement de procédure de la CCJA[82]. En définitive, les procédures d'exequatur, du recours en annulation et en tierce opposition de la sentence arbitrale qui pourtant, se situent dans le prolongement de l'arbitrage CCJA, échappent à la compétence des formations de la CCJA centre permanent que sont l'assemblée plénière et la formation restreinte.

[82] V. art. 1.2, art. 29.4 et art. 33, al .2, RA CCJA.

CHAPITRE 2 :

LES ATTRIBUTIONS DE LA CCJA

38. Diversité. Les attributions de la CCJA renvoient aux champs de compétences de cette juridiction. Du point de vue de ses compétences, la CCJA jouit d'attributions judiciaires, administratives et consultatives. Dans ces différentes attributions, la CCJA apparaît à la fois comme une juridiction de cassation, une juridiction des conflits, une juridiction internationale, une juridiction consultative ou encore comme une institution d'administration et même de promotion de l'arbitrage. Dans l'exercice de ces différentes fonctions, la CCJA peut être saisie à titre principal, à titre subsidiaire. Elle peut aussi être saisie en premier et dernier ressort, en deuxième ou même en troisième rang dans la saisine, par la voie du recours en cassation ou du recours en annulation, aussi bien pour les litiges tranchés par les juridictions étatiques que par les tribunaux arbitraux.

39. Originalité. Si on compare la CCJA avec les cours de justice de la CEMAC et de l'UEMOA, il ressort d'importantes différences[83]. Dans l'OHADA, l'unification de la jurisprudence dans les différents États membres est assurée principalement au moyen de la technique du recours en cassation[84]. C'est d'ailleurs la toute première fois que

---

[83] B. BOUMAKANI, « Les juridictions communautaires en Afrique noire francophone : la cour commune de justice et d'arbitrage, les cours de justice de l'UEMOA et de la CEMAC », *Annales de la FSJP de l'université de Dschang*, Yaoundé, PUA, t. 3, 1999, pp. 67 et s

[84] P. MEYER, « La sécurité juridique et judiciaire dans l'espace OHADA », *Penant* n° 855, Ohadata D-06-50.

cette technique, largement en usage devant les cours suprêmes nationales en matière judiciaire et même en matière administrative, est transposée en droit communautaire[85]. En revanche, dans l'UEMOA et la CEMAC, c'est la technique du renvoi préjudiciel, également en vigueur dans l'Union européenne, qui a été choisie comme moyen par lequel est assurée l'unité de la jurisprudence devant les juridictions nationales. La différence entre l'OHADA et l'UEMOA ou la CEMAC sur ce point précis se justifie par la différence des objectifs de ces organisations. Tandis que le marché commun ou même l'harmonisation des politiques économiques pourraient s'accommoder d'un outil souple d'unification de la jurisprudence, tel n'est pas le cas lorsque l'objectif consiste en l'unification du droit. L'unification du droit appelle nécessairement une unification rigide de la jurisprudence qui est mieux assurée par la technique du recours en cassation. De plus, l'essentiel des recours et moyens d'action qu'on retrouve devant les cours de justice de la CEMAC et de l'UEMOA sont inexistants dans l'OHADA. Tel est le cas du recours en carence, du recours en appréciation de la légalité des actes juridiques des organes et institutions communautaires, du recours en manquement et de l'exception d'illégalité. Sur ce second segment des différences entre la CCJA et les autres cours de justice communautaires, la justification semble ne pas se fonder sur la différence des objectifs de ces organisations. L'unification du droit des affaires serait bien compatible avec ces différents recours. Il faut même observer que plusieurs situations de manquements au droit communautaire de l'OHADA sont plus ou moins rattachables à l'inexistence de certains types de recours devant la CCJA. Tel est le cas du recours en manquement,

---

85 B. BOUMAKANI, « Le juge interne et le droit OHADA », *Penant*, n° 839, 2002, p. 142.

si on prend en compte les cas non négligeables de violation du droit de l'OHADA par les États membres. Il n'est donc pas surprenant que dans la doctrine, des opinions aient été émises en faveur de l'institution dans l'OHADA, non seulement du recours en manquement, mais aussi du recours en appréciation de la légalité[86].

40. Plan. Nombreuses et variées, les attributions de la CCJA peuvent être rangées dans trois principales rubriques : les attributions contentieuses (section 1), les attributions en matière d'arbitrage (section 2) et les attributions consultatives (section 3).

Section 1 : Les attributions contentieuses de la CCJA

41. Définition et énumération. Dans l'exercice de ses attributions contentieuses, la CCJA tranche des litiges au moyen de la règle de droit et rend à cet effet des décisions ayant autorité de la chose jugée. Les attributions contentieuses de la CCJA se manifestent dans trois types de situations : lorsqu'elle agit comme juridiction de cassation (§1), lorsqu'elle agit comme juridiction des conflits (§2) et lorsqu'elle agit comme juridiction internationale (§3).

§1- La CCJA, juridiction de cassation

42. Plan. La détermination de la compétence matérielle de la CCJA comme juridiction de cassation passe par l'identification des décisions (A) et du contentieux (B) susceptibles de recours en cassation devant cette juridiction.

---

[86] B. GUEYE, S. N. TALL et M. KAMTO, *op. cit.*, p. 76.

A- Les décisions susceptibles de recours en cassation devant la CCJA

43. Principe. À la lecture des alinéas 3 et 4 de l'article 14 du traité de l'OHADA, les décisions susceptibles de recours en cassation devant la CCJA sont les décisions rendues en dernier ressort. Il s'agit des décisions contre lesquelles aucun appel ne peut être interjeté et qui ne peuvent être attaquées que par les voies de recours extraordinaires que sont le recours en révision ou le recours en cassation[87]. Les décisions susceptibles de recours en cassation devant la CCJA englobent à la fois les jugements des tribunaux rendus en premier et dernier ressort et les décisions des cours d'appel.

44. Application. Constitue notamment une décision rendue en dernier ressort, donc susceptible de recours en cassation devant la CCJA, la décision de la juridiction nationale compétente qui refuse l'exequatur à une sentence arbitrale rendue dans le cadre de l'arbitrage traditionnel[88]. Sont également susceptibles de recours en cassation devant la CCJA, les décisions rendues par les juridictions nationales à la suite d'un recours en annulation contre une sentence arbitrale lorsque le siège du tribunal arbitral se trouve dans l'espace OHADA. Selon l'article 25, alinéas 2 et 3, de l'acte uniforme relatif au droit de l'arbitrage, en effet : « Elle [la sentence arbitrale] peut faire l'objet d'un recours en annulation, qui doit être porté devant le juge compétent dans l'État partie. La décision du juge compétent dans l'État partie n'est susceptible que du pourvoi en

---

[87] S. GUINCHARD et T. DEBARD (dir.), *Lexique des termes juridiques*, Paris, Dalloz, 27e éd., 2017, p. 1201.

[88] Art. 32, al. 1er, AUA.

cassation devant la Cour Commune de Justice et d'Arbitrage »[89].

En revanche, les décisions des juridictions nationales de cassation ne font pas partie des décisions rendues en dernier ressort. Ces décisions ne sont certes pas susceptibles d'appel, mais elles ne peuvent être attaquées par la voie du recours en cassation devant la CCJA. Lorsqu'elles interviennent dans le champ de compétence de la CCJA, les décisions des cours suprêmes nationales sont attaquables au moyen du recours en annulation. Par conséquent, si elle est saisie d'un recours en cassation relatif à une décision d'une juridiction nationale de cassation, la CCJA doit se déclarer incompétente ou alors juger le recours irrecevable[90]. De la même manière, les jugements des tribunaux rendus en premier ressort ne sont pas susceptibles de recours en cassation devant la CCJA. C'est ainsi que dans une espèce, la CCJA s'était déclarée incompétente au motif que le jugement attaqué était une décision rendue sur opposition à une ordonnance d'injonction de payer et qui, au regard de l'article 15 de l'AUPSRVE, était susceptible d'appel[91].

---

[89] CCJA, 1re ch., arrêt n° 044 du 17 juil. 2008, Société africaine de Relations commerciales et industrielles, dite SARCI SARL c. Atlantique Télécom SA et Télécel Bénin SA.

[90] CCJA, arrêt n° 033 du 3 juil. 2008, POUGOUÉ LÉOCADIE c. Centre Pasteur du Cameroun ; CCJA, 2e ch., arrêt n° 030 du 8 fév. 2018, Bayor Kélani c. Dosseh-Adjanon Daniel et Henry Yaovi Gbone.

[91] CCJA, arrêt n° 002 du 10 janv. 2002, Société du Pari mutuel urbain du Mali (PMU-Mali) c. Marcel Koné. Adde, CCJA, arrêt n° 006 du 2 févr. 2012, Société Générale de Banques au Cameroun, dite SGBC SA c. Essoh Grégoire. V. aussi en matière de procédures collectives d'apurement du passif : CCJA, 1ère ch., arrêt n° 007 du 28 févr. 2008, Société de Fournitures industrielles du Cameroun, dite SFIC SA c. Liquidation Banque Méridien BIAO Cameroun ; CCJA, 2e ch., arrêt n° 004 du 11 janv. 2018, *Coris Bank internatinal* (*CBI*) SA c. Zorom Adama et Richard import-export (REXI).

B- Le contentieux susceptible de recours en cassation devant la CCJA

45. Contentieux des actes uniformes : règle et exceptions. Le contentieux susceptible de déboucher sur un recours en cassation devant la CCJA est d'abord constitué, et de manière incontestable, du contentieux des actes uniformes[92]. Parce qu'ils créent des droits et des obligations à l'égard des particuliers, soit dans leurs relations entre eux, soit dans leurs relations avec les différents États membres, les actes uniformes sont à l'origine d'un contentieux important dont la résolution commence au niveau des juridictions nationales et s'achève naturellement devant la CCJA.

Toutefois, ce n'est pas l'ensemble du contentieux des actes uniformes qui relève en cassation de la CCJA. En matière pénale, en dépit de l'article 5, alinéa 2, du Traité qui attribue compétence aux actes uniformes de légiférer sur les incriminations et aux législateurs nationaux de légiférer sur les sanctions, et de l'article 14, alinéa 3, du même traité qui, prolongeant au niveau processuel cette délimitation des compétences, exclut de la compétence de la CCJA les décisions appliquant les sanctions pénales, une partie de la doctrine[93], qui a ensuite été approuvée par la jurisprudence[94], a cependant défendu l'idée d'une

---

[92] Cf. CCJA, 2e ch., arrêt n° 035 du 8 déc. 2011, Morelle Michelle et Société Mandji immobilier c. Hoirs Tordjeman et Doly Tordjeman.

[93] P.-G. POUGOUÉ, *Présentation générale et procédure en OHADA*, Yaoundé, PUA, 1998, p. 15 ; R. SOCKENG, *Droit pénal des affaires OHADA*, Presses Minsi Le competing, coll. Lebord, 1ère éd., 2007, pp. 30-31.

[94] CCJA, arrêt n° 053 du 7 juin 2012, Etonde Ekoto Édouard Nathanaël c. Port autonome de Douala (PAD) et ministère public ; CCJA, 3e ch., arrêt n° 188 du 23 déc. 2015, Adama Coulibaly c. Procureur général près la cour d'appel d'Abidjan et Coulibaly Dramane ; CCJA, ass. plén., 14 juil. 2016, arrêt n 143/2016, Ibrahima Aboukhalil c. État du

compétence exclusive des juridictions nationales de cassation sur l'ensemble du contentieux pénal OHADA (c'est-à-dire à la fois les incriminations et les sanctions). Pour justifier cette démarche, deux principaux arguments sont avancés. En premier lieu, le contentieux de l'incrimination est indivisible de celui de la sanction. C'est parce qu'au regard des éléments constitutifs d'une infraction, une personne est reconnue coupable que le juge décide de lui appliquer une sanction. Comment le juge national de cassation pourrait-il statuer sur la sanction alors qu'il n'est pas sûr que l'infraction est véritablement constituée pour être punissable ?[95] En second lieu, si l'ensemble du contentieux pénal OHADA doit être confié aux cours suprêmes nationales et pas à la CCJA, c'est parce que le droit pénal est une matière fortement marquée du sceau de la souveraineté des États[96].

En principe, seuls les litiges nés après l'entrée en vigueur des actes uniformes et relatifs à l'application de ces textes

---

Sénégal et le ministère public et a., *L'Essentiel droits africains des affaires*, n° 1, janv. 2017, obs. Marie GORÉ ; CCJA, 2e ch., arrêt n° 003 du 11 janv. 2018, Alain Poussy c. Succession Marie-Antoinette Gbiatibwa Yetenne. En application de l'art. 32.2 du RP CCJA, la Cour peut d'office se déclarer incompétente dans un litige relatif à l'application des sanctions pénales. V. CCJA, 1ère ch., arrêt n° 002 du 23 janv. 2020, Gabriel Loppes SO c. Joaninha Bute Fadia.

[95] S.-P. LEVOA AWONA, « Cour commune de Justice et d'Arbitrage », *op. cit.*, p. 594.

[96] J. BORE, « La difficile rencontre du droit pénal français et du droit communautaire », *Droit pénal contemporain, Mélanges André Vitu*, Paris, éd. Cujas, 1989, p. 25 ; N. DIOUF, « Actes uniformes et droit pénal des États signataires du traité de l'OHADA : la difficile émergence d'un droit pénal communautaire des affaires dans l'espace OHADA », *Ohadata D-05-41* ; S. YAWAGA, « Regard sur l'émergence d'un droit pénal des affaires en Afrique : le cas du droit pénal de l'OHADA », *in* A. AKAM AKAM (dir.), *Les Mutations juridiques dans le système OHADA*, Paris, L'Harmattan, 2009, pp. 81 et s.

sont réglés par les juridictions nationales du fond sous le contrôle de la CCJA. En revanche, les litiges nés avant l'entrée en vigueur des actes uniformes et mettant en cause l'application de ces textes sont tranchés par les juridictions nationales du fond sous le contrôle des cours suprêmes nationales. En d'autres termes, c'est l'entrée en vigueur des actes uniformes qui marque le début de la compétence de la CCJA dans le contentieux des actes uniformes. Pour se déclarer compétente ou non, la CCJA se sert de la date de l'exploit introductif d'instance devant le premier juge. Si cette date se situe avant l'entrée en vigueur de l'acte uniforme, la CCJA se déclare incompétente. En revanche, si cette date se situe après cette entrée en vigueur, elle se déclare compétente[97]. Exceptionnellement, il peut arriver que malgré le fait que la date de l'exploit introductif d'instance se situe après l'entrée en vigueur de l'acte uniforme, la CCJA soit incompétente comme juge de cassation. L'hypothèse peut se produire en matière contractuelle. On sait qu'il est de règle générale que les effets futurs des contrats en cours restent régis par la loi en vigueur au moment de la formation du contrat[98]. C'est d'ailleurs la solution qui a été expressément retenue par l'article 30 de l'acte uniforme relatif aux contrats de transport de marchandises par route. Ce texte dispose en effet que « les contrats de transport de marchandises par route conclus avant l'entrée en vigueur du présent Acte uniforme demeurent régis par les législations applicables au moment de leur formation. » Il découle logiquement de ce texte que les litiges relatifs aux contrats de transports de

---

[97] V. CCJA, arrêt n° 55 du 15 déc. 2005, Société d'Exploitation des Mines d'Or de Sadiola, dite SEMOS S.A. c. Barou Entreprise des Travaux publics, dite BETRA, ohada.com, Ohadata J-06-48.

[98] V. : P. ROUBIER, *Le Droit transitoire (conflits des lois dans le temps),* Paris, Dalloz-Sirey, 2e éd., 1960, nos 438 et s. ; T. BONNEAU, *La Cour de cassation et l'application de la loi dans le temps* (Thèse), Paris, PUF, coll. Les grandes thèses du Droit français, 1990, nos 94 et s.

marchandises par route conclus avant l'entrée en vigueur de l'acte uniforme ne relèvent pas en cassation de la CCJA, même si la date de l'exploit introductif d'instance devant le premier juge se situe après l'entrée en vigueur de l'acte uniforme, dans la mesure où le droit applicable n'est pas le droit OHADA.

46. Contentieux relatif aux autres normes OHADA. Bien que discutable, le champ de compétence de la CCJA comme juridiction de cassation s'étend au contentieux relatif à l'application des règlements. Si la compétence de la CCJA dans le contentieux des règlements a pu être discutée, c'est à cause de l'ambiguïté entretenue par les textes de l'OHADA sur la question. En effet, si l'article 13 du Traité limite la compétence des juridictions nationales du fond en droit OHADA aux litiges relatifs à l'application des actes uniformes, à la grande surprise, l'article 14, alinéa 3, *in fine,* du même Traité crée la rupture avec l'article 13 en incluant dans la compétence de la CCJA le contentieux des règlements. Quel texte faut-il faire prévaloir ? Comment le recours en cassation devant la CCJA pourrait-il concerner les règlements alors que le contentieux y relatif échappe à la compétence des juridictions nationales du fond ?

Pour une partie de la doctrine, le recours en cassation devant la CCJA ne pourrait exister dans le contentieux des règlements. Les Professeurs Joseph ISSA-SAYEGH et Jacqueline LOHOUES-OBLE affirment dans ce sens que : « Les règlements font partie intégrante du Traité qui ne règle que les rapports entre les organes de l'OHADA et entre cette organisation et les États parties ; les justiciables d'un recours en cassation ne peuvent donc pas, vraisemblablement, être concernés par le Traité et ses textes d'application, mais uniquement par le droit substantiel porté par les actes uniformes »[99]. Dans un arrêt rendu en 2005, la CCJA avait été saisie d'un litige relatif à l'application d'un règlement, en l'occurrence le règlement portant statut des fonctionnaires de l'OHADA[100]. Dans cette affaire, le constat qui s'impose est que la CCJA n'avait pas à examiner une quelconque décision rendue en dernier ressort par une juridiction nationale du fond. En l'absence de décision à casser éventuellement, on ne peut pas affirmer que la CCJA faisait office de juge de cassation. La CCJA intervenait plutôt comme juridiction de premier et dernier ressort. Ainsi, dans cette affaire, même si la CCJA avait été saisie par la voie d'un recours[101], on ne peut, dans l'incertitude qui existe au plan législatif sur la nature de ce recours, conclure qu'il s'agit d'un recours en cassation, dans la mesure où, examinant ce recours, la CCJA ne faisait pas office de juge de cassation.

Même si ce sont des hypothèses peu fréquentes, on peut cependant imaginer des cas dans lesquels, bien qu'intervenant dans le contentieux des règlements, la CCJA ferait office de juge de cassation. La justification en est que l'argument selon lequel « les règlements font partie intégrante du Traité qui ne règle que les rapports entre les organes de l'OHADA et entre cette organisation et les États parties ; les justiciables d'un recours en cassation ne peuvent donc pas, vraisemblablement, être concernés par le Traité et ses textes d'application, mais uniquement par le droit substantiel porté par les actes uniformes », est discutable. Dans certaines hypothèses (bien qu'elles ne

---

[99] *OHADA Harmonisation du droit des affaires*, Bruxelles, *op. cit.*, n° 438.

[100] 1re ch., arrêt n° 29 du 31 mars 2005, Yombouno Hervé Fagbon c. CCJA, Ohadata J-05-381.

[101] Dans cet arrêt, il est en effet indiqué que la CCJA avait été saisie d'un recours. De quel recours s'agissait-il ? La question mérite d'être posée.

soient pas nombreuses), les règlements sont dotés de l'effet direct, ce qui signifie qu'ils créent des droits et des obligations dans le patrimoine des particuliers, soit dans leurs relations réciproques, soit dans leurs relations avec les États membres. On peut, en guise d'exemple, citer l'article 46-1 du règlement de procédure de la CCJA qui impose aux États deux obligations dont les bénéficiaires sont les particuliers. D'une part, ils doivent désigner l'autorité nationale compétente pour apposer la formule exécutoire sur les arrêts de la CCJA, préalablement à leur exécution forcée. D'autre part, l'apposition de cette formule exécutoire doit se faire sans autre contrôle que celui de la vérification de l'authenticité du titre. Si à la suite d'un arrêt de la CCJA, le justiciable ne peut procéder à l'exécution forcée à cause de la non-désignation de l'autorité compétente pour l'apposition de la formule exécutoire ou parce que la formule exécutoire a été refusée alors que le titre exécutoire était authentique, il est clair que la personne victime ne peut pas directement saisir la CCJA de la question[102]. Il resterait cependant à la personne victime la possibilité de saisir les juridictions nationales inférieures d'une action en réparation contre l'État défaillant au cas où elle aurait subi un préjudice. Si cette personne n'obtient pas gain de cause, elle serait fondée à saisir la CCJA d'un recours en cassation, conformément à l'article 14 du traité de l'OHADA et à l'article 28 du règlement de procédure de la CCJA.

En définitive, pour que le contentieux d'une norme OHADA débouche sur un recours en cassation devant la CCJA, il suffit que la norme en question soit dotée de l'effet direct et que les juridictions nationales inférieures aient été préalablement saisies du litige. Dans la mesure où

---

[102] CCJA, 2e ch., arrêt n° 027 du 30 avril 2008, Société *African Petroleum Consultants,* dite APC c. État du Cameroun.

l'ensemble du droit OHADA est virtuellement doté de l'effet direct, il faut conclure que le contentieux de toutes les normes OHADA peut déboucher sur un recours en cassation devant la CCJA. L'assertion se vérifie aisément au sujet du traité de l'OHADA dont certaines dispositions comme l'article 23, l'article 10 ou même l'article 13 sont dotées de l'effet direct[103].

47. Pourvois hybrides ou mixtes. Pour la CCJA, sa compétence dans le contentieux du droit OHADA s'étend aux pourvois hybrides ou mixtes, c'est-à-dire ceux qui mettent en cause le droit OHADA et le droit national. Il en découle que, dès lors qu'un texte de droit OHADA est en cause dans un pourvoi en cassation, peu importe qu'il le soit avec le droit national, la CCJA se déclare compétente pour l'ensemble du litige, c'est-à-dire à la fois pour les questions de droit national et les questions de droit OHADA[104]. Même si cette position est constamment réaffirmée par la CCJA[105],

---

[103] Pour un exemple de recours en cassation fondé sur l'art. 23 du Traité, v. CCJA, 1re ch., arrêt n° 020 du 24 avril 2008, Sow Yerim Abib c. Ibrahim Souleymane Aka et Koffi Sahouot Cédric. Pour un exemple de recours fondé sur les articles 10 et 13 du Traité, v. CCJA, 1ère ch., arrêt n° 011 du 29 mars 2007, Olivia Yaovi et autres c. Banque internationale pour l'Afrique au Togo, dite BIA-Togo S.A., Rec., n° 9, 2007, pp. 79 et s.

[104] CCJA, arrêt n° 013 du 29 juin 2006, Agence d'Exécution des Travaux d'Intérêt public pour l'Emploi, dite AGETIPE-Mali c. Société *Smeets & Zonen*, Rec., n° 7, janv.-juin 2007, pp. 70 et s. ; CCJA, arrêt n° 014 du 29 juin 2006, Société Equipagro Côte d'Ivoire, dite EQUIPAGRO-CI SARL c. Boubacar Keita, Rec., n° 7, janv.-juin, 2006, pp. 45 et s. ; CCJA, arrêt n° 023 du 16 novembre 2006, Société africaine de Crédit Automobile, dite SAFCA et Société africaine de Crédit-bail, dite SAFBAIL c. Société *Air Continental*, Rec., n° 8, juil.-déc. 2006, pp. 27 et s. ; CCJA, arrêt n° 032 du 22 nov. 2007, Thomas Christophe Emmanuel Wielezynski c. *Cofipa Investment Bank* Côte d'Ivoire S.A., Rec., n° 10, juil.-déc. 2007, pp. 19 et s.

[105] V. par exemple, CCJA, arrêt n° 027 du 13 mars 2014, Ibrahim Touré c. Cheickna Lah.

elle ne fait cependant pas l'unanimité devant les juridictions nationales de cassation[106]. Dans une décision célèbre, la Cour suprême du Niger affirme que c'est au regard du droit prépondérant dans le pourvoi mixte qu'il faut désigner la juridiction suprême compétente. Si c'est le droit OHADA qui est prépondérant, c'est la CCJA qui est compétente et si c'est le droit national, la compétence revient à la juridiction nationale de cassation[107]. De son côté, la Cour suprême du Congo pense que dans un pourvoi mixte, si les questions de droit OHADA doivent relever au niveau suprême de la CCJA, en revanche, les questions de droit interne sont de la compétence exclusive de la juridiction nationale de cassation[108]. Enfin, plus offensive encore, la Cour de cassation du Burkina Faso constate que l'hypothèse des pourvois hybrides n'a été envisagée ni par le traité de l'OHADA encore moins par les actes uniformes, les règlements ou même un autre texte de l'OHADA. Aussi, doit-elle dans ce cas, recouvrer sa plénitude de compétence pour trancher ce type de litige[109].

48. Contentieux relatif à l'application du droit national, contentieux relatif à l'application des autres législations régionales

Lorsque dans un pourvoi en cassation devant la CCJA, il n'est aucunement mis en cause un texte de droit OHADA,

[106] I. YAYE, « Les conflits de compétence entre la Cour commune de Justice et d'Arbitrage et les juridictions nationales de cassation des États membres de l'espace OHADA », Communication présentée dans le cadre d'une conférence publique organisée à Abidjan, le 19 avril 2018 par le Réseau ivoirien des Juristes d'Affaires (RIJAF).

[107] C.S. du Niger, arrêt n° 01-158/c, Snar Leyma c. Groupe Hima Souley, Ohadata J-02-28, *RBD*, 2002, pp. 21 et s., obs. D. ABARCHI.

[108] C.S. 2e ch. Civ., arrêt n° 35/GCS-2016 du 30 nov. 2016 ; M. J. VITAL KODO, « Sur un conflit inédit de juridictions entre la cour commune de justice et d'arbitrage de l'OHADA et la Cour suprême du Congo », *JDI (Clunet),* n° 3, juil. 2017, var. 4.

[109] Ch. Com., arrêt n° 007 du 10 janv. 2008.

la compétence de cette juridiction est exclue. Il en est ainsi du contentieux relatif à l'application du droit national et de celui relatif à l'application des autres législations régionales (CEMAC, UEMOA, OAPI, CIMA, etc.) en vigueur dans l'espace OHADA. Saisie d'un recours en cassation dans ces différents contentieux, la CCJA doit tout naturellement se déclarer incompétente[110].

---

[110] CCJA, ord. n° 01 du 12 janv. 2005, Michel Stuyck c. Société ivoirienne de Banque, dite SIB, ohada.com, Ohadata J-06-05. Dans cette affaire, la CCJA se déclara incompétente au motif que le recours en cassation était fondé sur la violation des articles 66, 95 et 125 du règlement de l'UEMOA relatif aux systèmes de paiement. De surcroît, ce recours était dirigé contre un arrêt de la Cour suprême de Côte d'Ivoire ! V. également CCJA, ord. n° 001 du 13 juin 2001, Ehongo Alexandre Némes c. Compagnie camerounaise d'Assurance et de Réassurance SA CCAR (AXA Assurances), ohada.com, Ohadata J-03-124. Dans cette affaire, la CCJA se déclara incompétente au motif que le requérant invoquait les dispositions du code CIMA et celles du code civil camerounais. CCJA, arrêt n° 026 du 6 déc. 2011, Société du Millénaire mutuelle d'Assurance, dite SOMAVIE c. Caisse nationale des Caisses d'épargne, dite CNE avant CECP, dans lequel étaient évoquées les dispositions du code CIMA. V. aussi : CCJA, arrêt n° 19 du 17 juin 2004, Société guinéenne d'Assurances mutuelles, dite SOGAM c. Société nationale d'Assurances mutuelles, dite SONAM et autres, ohada.com, Ohadata J-04-380 ; CCJA, arrêt n° 051 du 21 juil. 2005, Société Texaco Côte d'Ivoire, dite Texaco-CI c. La Société *Groupe Frégate*, ohada.com, Ohadata J-06-29 ; CCJA, arrêt n° 004 du 27 mars 2003, (F.M.C. /P.B.), ohada.com, Ohadata J-03-190 ; CCJA, 1ère ch., arrêt n° 24 du 31 mars 2005, Société générale prestation service, dite GPS c. Société *Catering service,* dite CIS, ohada.com, Ohadata J-05-376 ; CCJA, arrêt n° 016 du 26 avril 2007, Compagnie internationale de transit, transport, manutention et aconage S.A., dite CITTMA c. Fezeu Paul, RJ CCJA, n° 9, janv.-juin 2007, pp. 14 et s. ; CCJA, 1ère ch., arrêt n° 043 du 27 fév. 2020, Star nationale SA c. Bureau d'architecture tchadienne, d'ingénierie et de reconstruction (BATIR), etc. Dans toutes ces affaires, la CCJA se déclare incompétente au motif que les requérants invoquaient la violation des dispositions du droit national.

§2- La CCJA, juridiction des conflits

49. Plan. Avant de voir l'étendue de la compétence de la CCJA comme juridiction des conflits (B), il convient au préalable d'envisager comment le droit de l'OHADA a consacré la CCJA comme juridiction des conflits d'attributions qui peuvent l'opposer aux cours suprêmes nationales (A).

A- La consécration de la CCJA comme juridiction des conflits

50. Fondement législatif. Il y a dans le traité OHADA deux articles dont l'analyse permet d'affirmer que la CCJA est la juridiction des conflits d'attributions qui peuvent l'opposer aux cours suprêmes nationales. Il s'agit de l'article 16 (1) et de l'article 18 (2).

1- La CCJA, juridiction des conflits au regard de l'article 16 du traité de l'OHADA

51. Signification de l'article 16. L'article 16 du traité de l'OHADA dispose : « La saisine de la cour commune de justice et d'arbitrage suspend toute procédure de cassation engagée devant une juridiction nationale contre la décision attaquée. Toutefois, cette règle n'affecte pas les procédures d'exécution. Une telle procédure ne peut reprendre qu'après arrêt de la Cour commune de justice et d'arbitrage se déclarant incompétente pour connaître de l'affaire ».

Pour comprendre le sens de ce texte, il faut imaginer qu'à propos d'une décision rendue en dernier ressort, un recours en cassation a été formé (à tort ou à raison) devant une juridiction nationale de cassation. Le défendeur au pourvoi et même la Cour suprême nationale, s'ils estiment que c'est la CCJA qui est compétente, peuvent saisir cette dernière du même litige. Une fois la CCJA saisie, la procédure engagée devant la Cour suprême nationale est suspendue. Mais cette suspension ne s'étend pas à l'exécution de la décision attaquée dans la mesure où, traditionnellement, le recours en cassation n'a pas d'effet suspensif. La procédure de cassation engagée devant la juridiction nationale ne pourra reprendre que si, après avoir été saisie du même litige, la CCJA se déclare incompétente[111]. Cela veut dire *a contrario* que, si la CCJA se déclare compétente, la procédure de cassation qui avait été engagée devant la Cour suprême nationale est éteinte[112].

52. Consécration de la CCJA comme juge des conflits. À l'analyse de l'article 16 du traité OHADA, deux principaux arguments attestent l'idée de la consécration de la CCJA comme juridiction des conflits.

D'une part, la suspension de la procédure de cassation engagée devant la juridiction nationale dès que la CCJA est saisie de la même affaire. Lorsque la saisine de la CCJA est faite sur renvoi d'une juridiction suprême nationale, l'effet suspensif de la saisine de la CCJA permet de ne point envisager les cours suprêmes nationales comme les juges des conflits d'attributions qui pourraient les opposer à la CCJA. Si la saisine de la CCJA a un effet suspensif, c'est bien parce que le renvoi de la Cour suprême nationale à la CCJA ne s'impose pas à cette dernière. Si le renvoi fait à la CCJA s'imposait à elle, la saisine de cette juridiction aurait eu pour effet d'éteindre la procédure engagée devant la juridiction nationale de cassation. Si la procédure de

---

[111] CCJA, ord. n° 1, 4 juin 2003, Cabinet ECTEET c. Groupe Fotso, Ohadata J-04-70.

[112] L'article 16 du Traité annihile ainsi toute possibilité de naissance d'une situation de litispendance entre la CCJA et les cours suprêmes nationales. Cf. CCJA, 26 oct. 2006, n° 017, Société nationale des Télécommunications du Sénégal, dite SONATEL c. Société d'exploitation de la clinique Sokhna Fatma, Rec., n° 8, juil.-déc. 2006, pp. 52-58.

cassation devant la Cour suprême nationale est (seulement) suspendue, c'est donc dans l'attente de la décision définitive sur la compétence qui appartient à la CCJA juridiction des conflits. Lorsque la saisine de la CCJA est faite par l'une des parties à l'instance en cassation devant la juridiction nationale, s'il y a effet suspensif, c'est parce que la CCJA agissant en cette circonstance comme juridiction des conflits pourrait bien décider que le litige dont elle a été saisie est de sa compétence. Dès lors, il devient illogique que la juridiction nationale de cassation continue de connaître de ce litige, d'où l'effet suspensif de la saisine de la CCJA comme juge des conflits.

D'autre part, agissant dans le cadre de l'article 16, les décisions rendues par la CCJA sur la compétence s'imposent à la juridiction nationale de cassation. Ainsi, lorsqu'après examen, la CCJA retient sa propre compétence sur l'affaire, elle statue sur le recours en cassation qui avait été introduit devant la Cour suprême nationale et la procédure de cassation qui avait été introduite devant cette juridiction est éteinte. En revanche, si la CCJA conclut à la compétence de la juridiction nationale de cassation, la procédure de cassation devant cette juridiction peut reprendre.

2- La CCJA, juridiction des conflits au regard de l'article 18 du traité de l'OHADA

53. Contenu et implications de l'article 18. Aux termes de l'article 18 du traité de l'OHADA, alinéa 1er : « Toute partie qui, après avoir soulevé l'incompétence d'une juridiction nationale statuant en cassation estime que cette juridiction a, dans un litige la concernant, méconnu la compétence de la Cour commune de justice et d'arbitrage peut saisir cette dernière dans un délai de deux mois à compter de la notification de la décision contestée. » ;

alinéa 2 : « La Cour se prononce sur sa compétence par arrêt qu'elle notifie tant aux parties qu'à la juridiction en cause. » ; alinéa 3 : « Si la Cour décide que cette juridiction s'est déclarée compétente à tort, la décision rendue par cette juridiction est réputée nulle et non avenue. »

L'article 18 du traité de l'OHADA réglemente le recours en annulation devant la CCJA. Contrairement au recours en cassation devant la CCJA, qui est dirigé contre les décisions rendues par les juridictions nationales du fond, le recours en annulation quant à lui, est dirigé contre les décisions des juridictions nationales de cassation s'étant déclarées compétentes dans un litige relatif à l'application du droit de l'OHADA. Après avoir été saisie d'un recours en annulation, la CCJA se prononce sur sa compétence par arrêt. Si elle conclut que le litige était effectivement de sa compétence, la décision rendue par la juridiction nationale de cassation est réputée nulle et non avenue[113]. En cas de rejet du recours en annulation, c'est la déclaration de compétence de la Cour suprême nationale qui est consolidée et la force juridique de l'arrêt rendu par cette juridiction se trouve alors réaffirmée[114].

À l'analyse de l'article 18, on peut en déduire la consécration de la CCJA comme juridiction des conflits d'attributions qui pourraient l'opposer aux cours suprêmes nationales. En effet, confrontée à un déclinatoire de compétence dans un litige qui pourrait relever de la compétence de la CCJA, toute juridiction nationale de cassation doit se prononcer sur sa propre compétence, mais sous le contrôle de la CCJA. Or, en permettant à la CCJA d'exercer un contrôle sur la déclaration de compétence des

---

[113] CCJA, 3e ch., arrêt n° 015, 25 janv. 2018, Société *CKG Holding* c. Société *Yara* France.

[114] CCJA, arrêt n° 030, 4 avril 2014, Jacques Nzoghe Ndong c. Société d'Énergie et d'Eau du Gabon ,dite SEEG.

cours suprêmes nationales, l'article 18 fait du même coup de cette Cour la juridiction des conflits d'attributions qui peuvent l'opposer aux juridictions nationales de cassation ; ce d'autant plus qu'en sens inverse, lorsqu'un plaideur décline la compétence de la CCJA, il n'y a pas l'équivalent de l'article 18 qui permettrait à une cour suprême nationale ou à toute autre juridiction d'exercer son contrôle sur la déclaration de compétence de la CCJA[115]. L'article 17 du traité de l'OHADA prévoit tout simplement qu'en pareille hypothèse, la CCJA se prononce (souverainement) sur sa compétence.

B- La compétence de la CCJA comme juridiction des conflits

54. Étendue : conflits positifs et conflits négatifs. La compétence de la CCJA comme juge des conflits s'étend à deux types de conflits de compétences : les conflits positifs et les conflits négatifs.

Il y a conflit négatif d'attributions entre la CCJA et les juridictions nationales de cassation lorsque, à propos d'un même litige, une déclaration d'incompétence d'une cour suprême nationale est suivie par celle de la CCJA. Avec l'actuel système de résolution des conflits d'attributions, ce n'est que dans cette hypothèse qu'on peut assister à un conflit négatif. En effet, la CCJA étant la juridiction des conflits, si elle est saisie en premier d'un litige et qu'elle se déclare incompétente au profit d'une cour suprême

[115] Cf. CCJA, 1re ch., arrêt n° 115 du 9 avril 2020, Talfa Habibou c. Banque atlantique du Niger : « Attendu qu'il ressort des écritures des parties que la question de la compétence de la Cour commune de Justice et d'Arbitrage de l'OHADA a été discutée devant la cour de cassation du Niger ; qu'il importe de rappeler que la CCJA est seule habilitée à statuer sur sa propre compétence et n'est pas liée par une éventuelle décision d'incompétence d'une juridiction nationale de cassation d'un État-partie ».

nationale, cette déclaration d'incompétence s'impose à la juridiction nationale de cassation qui ne peut pas à son tour se déclarer incompétente.

Il y a conflit positif d'attributions entre la CCJA et les cours suprêmes nationales lorsque, à propos d'une même affaire, une première déclaration de compétence d'une cour suprême nationale est suivie d'une déclaration de compétence de la CCJA. Comme en matière de conflits négatifs, on ne peut assister à la naissance d'un conflit positif que si le litige est d'abord porté devant une cour suprême nationale et ensuite devant la CCJA, car si le litige est d'abord porté devant la CCJA, et que celle-ci se déclare compétente, cette décision s'impose à toutes les juridictions nationales de cassation lesquelles ne peuvent plus, par la suite, se déclarer valablement compétentes pour connaître de la même affaire[116].

55. Naissance des conflits positifs. Dans le traité de l'OHADA, il y a deux articles dont la mise en œuvre peut éventuellement déboucher sur des conflits positifs d'attributions entre la CCJA et les cours suprêmes nationales : les articles 16 et 18.

En ce qui concerne l'article 16, on peut effectivement en inférer l'existence des conflits positifs d'attributions, mais seulement dans l'hypothèse de la saisine de la CCJA par le défendeur au pourvoi devant la Cour suprême nationale. En effet, si la saisine de la CCJA est l'œuvre de la juridiction nationale de cassation, il devient ensuite impossible d'envisager la naissance d'un conflit positif, dans la mesure où en renvoyant à la CCJA le litige dont elle avait été saisie, la Cour suprême nationale se déclare par la même occasion incompétente, ce qui par voie de conséquence, annihile l'idée d'un conflit positif d'attributions. Si la saisine de la

[116] Art. 20 du traité de l'OHADA.

CCJA par le défendeur au pourvoi devant la Cour suprême nationale pouvait déboucher sur un conflit positif d'attributions, c'est parce qu'en pareille circonstance, il n'y a pas à la base une déclaration d'incompétence de la juridiction nationale de cassation. Au lieu de renvoyer le recours dont elle a été saisie à la CCJA, lorsque notamment elle estime qu'il est de la compétence de cette juridiction, la Cour suprême nationale s'est plutôt déclarée compétente et a commencé à l'examiner. Il suffit alors, pour qu'il y ait conflit positif d'attributions, que la déclaration de compétence de la juridiction suprême nationale soit suivie par celle de la CCJA.

En ce qui concerne l'article 18, il est encore plus facile de constater que sa mise en œuvre pourrait déboucher sur un conflit positif d'attributions entre la CCJA et les cours suprêmes nationales. La Cour suprême nationale, en rejetant le déclinatoire de compétence formée devant elle, rend possible la réalisation ultérieure d'un conflit positif d'attributions entre la CCJA et elle. Il suffit, pour que ce conflit latent se matérialise, que par la suite, la CCJA se déclare également compétente pour connaître du même litige[117].

56. Naissance des conflits négatifs. La survenance de conflits négatifs d'attributions est, elle, liée à la mise en œuvre de l'article 15 du traité de l'OHADA. Au regard de ce texte, lorsqu'une juridiction nationale de cassation pense avoir été saisie à tort d'un litige relatif à l'application des actes uniformes, elle renvoie ledit litige à la CCJA. Toutefois, le renvoi de la Cour suprême nationale à la CCJA ne lie pas cette dernière. Il peut donc être suivi d'une déclaration d'incompétence de la CCJA. On serait alors en

[117] V. par exemple, CCJA, 2e ch., arrêt n° 211 du 25 juin 2020, Société *Moi international* c. Société *Getma* Guinée SA.

présence, dans une même affaire, de deux déclarations successives d'incompétence[118].

§3- La CCJA, juridiction internationale

57. Théorie et triste réalité. Malgré la création de la CCJA comme juridiction internationale (A) avec un champ de compétence perceptible (B), sur le terrain on assiste cependant à la difficile émergence de la CCJA dans cette fonction (C).

A- La création de la CCJA comme juridiction internationale

58. Caractères et raison d'être de la juridiction internationale de la CCJA. C'est l'article 56 du traité qui institue la CCJA comme juridiction internationale lorsqu'il reconnaît compétence à cette juridiction de résoudre les différends entre États parties relatifs à l'interprétation et à l'application du Traité[119]. Contrairement à ce que semble indiquer ce texte, le recours à la CCJA comme instance

---

[118] V. par exemple : CCJA, arrêt n° 04 du 27 mars 2003, Fofana Mamadou c. Potey Pau Blaise ; CCJA, 1er ch., arrêt n° 052 du 27 févr. 2020, Maître Hajarat Aminata Guèye Fall c. Mademba Tall.

[119] Comme la plupart des juridictions internationales, la CCJA connaît le système du juge *ad hoc* (art. 56, al. 2 du Traité). Ce dernier, contrairement aux juges élus, est un juge occasionnel dont la mission s'achève avec le procès qui a justifié sa désignation. La désignation du juge *ad hoc* peut intervenir lorsque l'un des États en conflit compte sur le siège un juge de sa nationalité. Afin de rétablir l'équilibre, il est permis à l'autre État (ou même aux autres s'ils sont plusieurs) de procéder à la désignation d'un juge *ad hoc* qui doit remplir les conditions de nationalité, de fonction et d'expérience professionnelle exigées aux juges élus. Plus particulièrement, en ce qui concerne la condition de nationalité, le juge *ad hoc* doit avoir la nationalité de l'un des États membres de l'OHADA. L'État autorisé à désigner un juge *ad hoc* peut par conséquent, jeter son dévolu sur une personnalité qui ne fait pas partie de ses ressortissants.

judiciaire de règlement des litiges entre États n'est pas facultatif. S'ils ne respectent pas leurs obligations communautaires, les États membres de l'OHADA sont soumis obligatoirement et exclusivement à la juridiction de la CCJA. Cette compétence obligatoire et exclusive de la CCJA ne peut d'ailleurs, comme l'ensemble du Traité, faire l'objet d'aucune réserve.

La compétence obligatoire et exclusive de la CCJA comme instance judiciaire de règlement des litiges entre États ne signifie cependant pas que le règlement devant la CCJA soit le mode exclusif de règlement des litiges entre États membres de l'OHADA. En dehors du recours à la CCJA, d'autres modes de règlement, notamment à l'amiable, pourraient être activés. C'est l'exemple de la médiation, la conciliation ou encore les bons offices[120]. Selon l'article 56 du traité de l'OHADA, ces modes de règlement à l'amiable ont d'ailleurs vocation à être mis en œuvre avant un éventuel recours à la CCJA juridiction internationale[121]. La compétence obligatoire et exclusive de la CCJA comme instance judiciaire de règlement des litiges entre États n'exclut pas d'autres modes de règlement par la voie juridictionnelle tel l'arbitrage.

Quelle est la raison d'être de l'institutionnalisation de la CCJA comme juridiction en charge du règlement des différends entre États parties relatifs à l'application et à l'interprétation du droit OHADA ? On peut penser qu'à l'image d'autres législations de type communautaire, le recours éventuel à la CCJA en cas d'inexécution par l'un

---

[120] B. GUEYE, S. NOUROU TALL et M. KAMTO, *op. cit.*, p. 76.

[121] CCJA, 1re ch., arrêt n° 041 du 13 févr. 2020, Société *Commercial Bank* Cameroun SA, Yves Michel Fotso, État du Cameroun c. République de Guinée équatoriale et autres : « (…) ces dispositions [article 56 du Traité] édictent l'obligation d'une tentative préalable de règlement amiable de tout différend opposant deux États parties au Traité (…) ».

des États parties de ses obligations communautaires, vise à écarter l'exception d'inexécution (encore appelée règle de la réciprocité), souvent utilisée en droit international ordinaire comme moyen de sanction. L'effectivité du droit de l'OHADA serait en effet, sérieusement compromise si, à la suite de la violation par un État de ses obligations, les autres seraient autorisés à violer les leurs[122].

B- L'étendue de la compétence de la CCJA comme juridiction internationale

59. Manquement des États à leurs obligations communautaires. Au regard de l'article 56 du traité de l'OHADA, un État peut valablement introduire auprès de la CCJA un recours à l'encontre d'un autre État à qui il est reproché de n'avoir pas respecté ses engagements communautaires. L'État accusé de violer ses engagements communautaires pourrait se défendre en fondant son attitude sur les dispositions d'un article du Traité. On serait là bel et bien en présence d'un litige entre États parties relatifs à l'application et à l'interprétation du traité OHADA.

Le manquement d'un État à ses obligations communautaires peut provenir de l'une de ses composantes : le législatif, l'exécutif ou le judiciaire. Ce manquement peut aussi bien résulter d'un acte juridique que d'une opération matérielle. Pour qu'il y ait manquement, il faut bien sûr que l'action de l'État s'analyse en une violation de ses engagements communautaires. Il peut alors s'agir d'une action positive, mais prohibée, d'une abstention coupable ou même d'une exécution tardive lorsque notamment l'exécution des obligations étatiques est

---

[122] S.-P. LEVOA AWONA, « La Cour commune de justice et d'arbitrage et l'effectivité du droit de l'OHADA », *JDI (Clunet),* n° 3, 2019, pp. 775-776.

assortie d'un délai impératif. Quant aux obligations assumées par l'État et qui sont susceptibles d'être violées, contrairement à ce que suggère l'article 56, elles ne sont pas uniquement contenues dans le traité de l'OHADA[123]. Peu importe le texte de l'OHADA en cause, dès lors qu'il comporte à la charge des États des obligations, la violation de ces dernières constitue un manquement susceptible de justifier une action devant la CCJA. En guise d'exemples, on peut citer l'article 49 de l'AUPSRVE[124] qui fait obligation aux États de désigner le juge de l'exécution ou même l'article 29 du même texte qui oblige l'État, sous peine d'engager sa responsabilité, à prêter son concours à l'exécution des décisions et autres titres exécutoires.

C- La difficile émergence de la CCJA comme juridiction internationale

60. Plan. Malgré la consécration de la CCJA comme juridiction internationale au sein de l'ordre juridique OHADA, elle tarde encore à s'affirmer dans cette fonction. Quelles sont les causes et les conséquences de cette situation ?

1- Les causes

61. Difficultés de mise en œuvre de l'article 56 du traité de l'OHADA. À l'analyse de l'article 56 du traité de l'OHADA, il en ressort que lorsqu'un État membre ne respecte pas ses obligations communautaires, il faut premièrement exclure la mise en œuvre, comme en droit international, de la règle de la réciprocité qui autoriserait les

---

[123] CCJA, 1re ch., arrêt n° 041 du 13 févr. 2020, Société *Commercial Bank* Cameroun SA, Yves Michel Fotso, État du Cameroun c. République de Guinée équatoriale et autres.

[124] Acte uniforme sur les procédures simplifiées de recouvrement et les voies d'exécution.

autres États à ne pas exécuter les leurs[125]. L'ordre juridique de l'OHADA constitue en effet un droit communautaire au sens technique du terme[126] et qui ne pourrait donc pas s'accommoder de la règle de la réciprocité. Selon le schéma mis en place par l'article 56 du traité de l'OHADA, face à un État membre qui n'exécute pas ses obligations communautaires, la première étape consiste à procéder à une tentative de règlement à l'amiable. Ce n'est qu'en cas d'échec du règlement à l'amiable que le différend pourrait ensuite être porté à la connaissance de la CCJA. Après avoir été saisie, il reviendrait à la CCJA de trancher ce différend au moyen d'un arrêt qui, comme tous les arrêts de cette juridiction, serait doté de l'autorité de la chose jugée et de la force exécutoire[127].

Toutefois, il faut reconnaître que le schéma mis en place par l'article 56 risque de s'avérer peu efficace. Bien qu'engagés dans un processus d'intégration, les États de l'OHADA n'en conservent pas moins leur souveraineté et

[125] J. COMBACAU et S. SUR, *Droit international public*, Paris, Montchrestien, 12e éd., 2016. En droit européen par exemple, le juge affirme : « Attendu (...) que les retards éventuels pris par d'autres États membres dans l'exécution des obligations imposées par une directive ne sauraient être invoqués par un État membre pour justifier l'inexécution, même temporaire, des obligations qui lui incombent ; qu'en effet, le traité ne s'est pas borné à créer des obligations réciproques entre les différents sujets auxquels il s'applique, mais a établi un ordre juridique nouveau qui règle les pouvoirs, droits et obligations desdits sujets, ainsi que les procédures nécessaires pour faire constater et sanctionner toute violation ; (...) » (CJCE, 26 févr. 1976, aff. 52/75, Commission des Communautés européennes c. République italienne, Rec., p. 277.).

[126] S.-P. LEVOA AWONA, « Réflexions sur l'article 10 du traité de l'OHADA », *op. cit.*, pp. 151 et s. *Contra*, S. DOUMBE-BILLE, « À propos de la nature de l'OHADA », *Droit, liberté, paix, développement, Mélanges en l'honneur de Madjid Benchikh*, Paris, éd. A. Pédone, 2011, pp. 431 et s.

[127] Traité OHADA, art. 20.

leur individualité. Il serait malveillant et peu commode dans un tel contexte, qu'un État qui constate la violation par un autre de ses obligations communautaires saisisse la CCJA pour obtenir la condamnation de ce dernier[128]. Le résultat auquel on aboutirait serait contraire à celui recherché, car on assisterait à une remise en cause des bonnes relations diplomatiques entre États membres de l'OHADA, ce qui ne serait pas de bon augure pour l'intégration juridique. Par ailleurs, si l'acceptation de l'autorité de chose jugée des arrêts rendus par la CCJA en qualité de juge international ne pose pas de difficulté, il n'en va pas de même de leur force exécutoire. L'OHADA ne forme pas un État fédéral dans lequel les États membres seraient des États fédérés. Ainsi, alors que le Président des États-Unis peut utiliser la force armée pour exécuter un arrêt de la Cour suprême dans un État fédéré[129], l'OHADA ne peut ni matériellement ni juridiquement user de la force pour obtenir d'un État l'exécution d'un arrêt de la CCJA. La raison évidente en est que, même engagés dans un processus d'intégration juridique, les États membres de l'OHADA conservent sur leurs territoires respectifs le monopole de l'utilisation de la force publique. Aussi, même clairement affirmée dans les textes, la force exécutoire des arrêts de la CCJA risque de ne produire que des effets limités, à défaut de ne jamais se vérifier, dès lors qu'il s'agira d'en faire application à un État membre qui ne respecte pas ses obligations communautaires.

---

[128] On ne serait pas très loin de l'ingérence d'un État dans les affaires d'un autre, sauf à admettre l'existence d'un droit d'ingérence communautaire chaque fois que le comportement d'un État contrarierait les objectifs du traité OHADA.

[129] Ce fut le cas avec le Président Eisenhower qui envoya des troupes à Little Rock en 1959 pour assurer l'application de l'arrêt Brown de la cour suprême de 1954 qui avait reconnu le caractère non constitutionnel de la ségrégation raciale dans les écoles. C. LEBEN, « À propos de la nature juridique des communautés européennes », *Droits*, n° 14, 1991, p. 68.

La cause principale de la difficulté pour la CCJA à émerger comme juridiction internationale réside donc dans le caractère succinct ou laconique de l'article 56 du traité au moment où il évoque la phase de règlement amiable. En réalité, du point de vue de l'efficacité, c'est surtout au cours de cette phase qu'on peut espérer obtenir de l'État qu'il se conforme à ses obligations communautaires. Il fallait par conséquent, pour rendre cette phase véritablement opératoire, en détailler la mise en œuvre. À titre de droit comparé, en droit de l'Union européenne et même dans les droits communautaires CEMAC et UEMOA, la fonction de juridiction internationale des cours de justice communautaire a été complétée par l'institution d'un recours en manquement pour en accroître l'opérationnalité[130]. Le recours en manquement présente le précieux avantage qu'il comporte une phase précontentieuse à forte connotation politique et diplomatique, au cours de laquelle l'État accusé de violer ses obligations communautaires est relancé par la Commission[131]. Cette relance comprend premièrement une mise en demeure d'agir dans un délai raisonnable adressée à l'État accusé par la Commission. Ensuite, si l'État n'a pas agi, la Commission prend un avis motivé qui précise ce qui est reproché à l'État accusé et les mesures qu'il doit prendre pour mettre fin au manquement. Ce n'est qu'à partir du

---

[130] Sur le recours en manquement dans la CEMAC, P. KAMTOH, *Introduction au système institutionnel de la CEMAC*, *op. cit.*, pp. 178 et s. Sur le recours en manquement dans l'UEMOA, B. BOUMAKANI, « Les juridictions communautaires en Afrique noire francophone : la cour commune de justice et d'arbitrage, les cours de justice de l'UEMOA et de la CEMAC », *op. cit*. Enfin, sur le recours en manquement devant la CJUE, A. PECHEUL, *Droit communautaire général*, Paris, Ellipses, 2002, pp. 190 et s. ; C. BLUMANN et L. DUBOUIS, *Droit institutionnel de l'Union européenne*, *op. cit.*, n° 1058 et s.

[131] R. DEHOUSSE, *La Cour de justice des Communautés européennes*, Paris, Montchrestien, 2e éd., 1997, pp. 21 et s.

moment où les rappels à l'ordre de la Commission sont restés sans effet que cette dernière peut saisir la cour de justice de l'Union européenne. Grâce à la phase précontentieuse, on observe par exemple, en droit de l'Union européenne que seulement environ 10 % des procédures en manquement conduisent à une saisine de la Cour[132]. Le deuxième grand avantage de la procédure de recours en manquement réside dans le fait que son initiative a été confiée à la Commission et aux États membres. On remarque d'ailleurs qu'il est rare de la part des États de déclencher une telle procédure à cause des conséquences politiques et diplomatiques qu'une telle initiative pourrait produire[133]. Exercé majoritairement à l'initiative de la Commission, le recours en manquement permet ainsi au droit de l'Union européenne de sanctionner ou tout au moins de rappeler à l'ordre les États qui violent leurs obligations communautaires tout en sauvegardant par ailleurs entre ces États de bonnes relations diplomatiques. Le troisième avantage du recours en manquement réside dans le fait que la constatation d'un manquement par la Cour de justice communautaire permet aux personnes physiques et aux personnes morales de mettre en jeu la responsabilité de l'État défaillant devant les juridictions nationales, afin d'obtenir la réparation des conséquences dommageables qu'elles auraient subies du fait de la violation du droit communautaire[134]. Enfin, le recours en manquement a l'avantage, lorsqu'il n'est pas exécuté par l'État condamné et sur saisine de la Commission, de

---

[132] J. DUTHEIL de la ROCHERE, *Introduction du droit de l'Union européenne*, Paris, éd. Hachette Supérieur, 5e éd. 2007, p. 138.

[133] V. CJCE, 4 oct. 1979, France c. Royaume-Uni, aff. 141/78, Rec, p. 2923 : JurisData n° 1979-300003 ; CJCE, 16 mai 2000, Belgique c. Espagne, aff. C-388/95, Rec., p. 3123.

[134] V. CJCE, 19 nov. 1991, aff. C-6/90 et C-9/90, Francovich et Bonifaci, Rec, I-5403.

pouvoir être condamné par la Cour au paiement d'un montant forfaitaire ou d'une astreinte[135].

62. Nécessité d'un recours en manquement. Dans l'OHADA, le contrôle efficace du respect des obligations communautaires des États membres pourrait aussi se faire moyennant l'institution devant la CCJA d'un recours en manquement[136]. Ce dernier, en l'absence de Commission dans l'OHADA pourrait être exercé à l'initiative d'un État partie ou du secrétariat permanent. Le recours en manquement qui serait institué dans l'OHADA devrait également comporter une phase précontentieuse qui permettrait, de manière consensuelle et concertée, d'obtenir l'amendement de l'État qui ne se conforme pas à ses obligations communautaires. La condamnation de l'État défaillant devrait aussi avoir pour conséquence de permettre aux personnes physiques ou morales de saisir les juridictions nationales d'une action en responsabilité à partir du moment où elles peuvent justifier d'un préjudice occasionné par la violation du droit communautaire. Enfin, l'État qui refuserait d'exécuter l'arrêt en manquement pourrait également être condamné au paiement d'une somme forfaitaire ou d'une astreinte.

2- Les conséquences

63. Cas avérés de violations des obligations communautaires par les États. Parce que l'opérationnalité de la fonction de juridiction internationale de la CCJA n'est pas évidente, on observe que plusieurs situations de non-respect par les États de leurs obligations communautaires n'ont pas entraîné la mise en mouvement de l'article 56 du Traité.

---

[135] J. BOUDANT, *op. cit.*, pp. 88-89.

[136] Rapp. P.-G. POUGOUÉ et Y.-R. KALIEU ELONGO, *op. cit.*, n° 28 ; B. Gueye, S. N. TALL et M. KAMTO, *op. cit.*, p. 59.

On peut en guise d'exemple citer la mise en œuvre au Cameroun de l'article 49, alinéa 1er de l'AUPSRVE[137]. Alors que l'article 49 a voulu confier le contentieux de l'exécution des saisies mobilières à un juge unique[138], le président du tribunal de première instance en l'occurrence selon la jurisprudence de la CCJA[139], l'article 3 de la loi n° 2007/001 du 19 avril 2007 instituant le juge du contentieux de l'exécution, et fixant les conditions de l'exécution au Cameroun des décisions judiciaires et actes publics étrangers ainsi que des sentences arbitrales étrangères a, pour sa part, multiplié les juges de l'exécution en énonçant que le juge de l'exécution est le président de la juridiction dont émane la décision en cours d'exécution[140]. Devant la difficulté qu'il y a à mettre en œuvre l'article 56 du traité de l'OHADA pour éventuellement obtenir du Cameroun qu'il se conforme à ses obligations communautaires, les espérances sont tournées du côté de la CCJA agissant comme juridiction de cassation. Malheureusement, comme juge de cassation, l'efficacité de

---

[137] Ce texte énonce : « La juridiction compétente pour statuer sur tout litige ou toute demande relative à une mesure d'exécution forcée ou à une saisie conservatoire est le président de la juridiction statuant en matière d'urgence ou le magistrat délégué par lui. »

[138] A. M. ASSI ESSO, *in OHADA Recouvrement des créances*, Bruxelles, Bruylant, 2002, n° 104 ; F. ANOUKAHA, « Le juge du contentieux de l'exécution des titres exécutoires : le législateur camerounais persiste et signe… l'erreur », *Juridis périodique*, n° 70, 2007, pp. 106-109.

[139] CCJA, 21 mars 2002, n° 006, MICHEL NGAMAKO c. GUY DEUMANY MBOUWOUA ; CCJA, ass. plén., 4 nov. 2014, n° 109/2014, Chanas Assurances SA c. AGF Cameroun devenue Allianz Cameroun SA, Ohadata J-15-200, Juridis périodique, n° 100, 2014, pp. 59 et s., Commentaires R. NJEUFACK TEMGWA.

[140] V. A. NDZUENKEU, « Le juge de l'exécution… exécute : épilogue d'une confrontation décennale entre le droit OHADA et le droit processuel camerounais », *in* J. C. MEBU NCHIMI (dir.), *Le Droit au pluriel, Mélanges en hommage au Doyen Stanislas Meloné*, Yaoundé, PUA, 2018, pp. 437 et s.

l'action de la CCJA sur le contrôle des obligations des États en matière législative présente d'importantes limites. Tout d'abord, pour qu'un tel contrôle puisse avoir lieu, il faut attendre que via le recours en cassation, la question de la compatibilité entre l'article 3 précité et l'article 49 soit posée à la CCJA. Ensuite, examinant le recours en cassation, le rôle de la CCJA se limite à examiner la rectitude juridique des décisions rendues par les juridictions nationales du fond dans le contentieux du droit OHADA. Manifestement, la CCJA irait au-delà de ses prérogatives si elle se reconnaissait le pouvoir, à la suite d'un recours en cassation, d'enjoindre à un État membre d'adopter toute mesure nécessaire pour se conformer à ses obligations communautaires en matière législative. Du côté de l'État du Cameroun, même si on sait que conformément à l'article 10 du traité de l'OHADA tel qu'interprété par la CCJA[141], les législations nationales contraires, postérieures ou antérieures au droit OHADA sont abrogées de plein droit, on imagine difficilement qu'à la suite d'une décision de la CCJA déclarant l'article 3 incompatible avec l'article 49, le premier texte cité soit véritablement considéré comme éliminé de l'ordonnancement juridique camerounais.

On peut encore illustrer les conséquences négatives de la difficile opérationnalité de l'article 56 du Traité en faisant appel à l'article 5, alinéa 2 du traité de l'OHADA. On rappelle que ce texte fait obligation aux États de l'OHADA de déterminer les sanctions pénales des incriminations contenues dans les actes uniformes. Or, si le Cameroun[142]

---

[141] CCJA, avis n° 001/2001/EP, 30 avr. 2001, *op. cit.* ; CCJA, 7 juill. 2005, n° 043/2015, Aziablévi Yovo et autres c. Société Togo Télécom, Ohada.com, Ohadata J-06-32.

[142] Loi n° 2003/008, 10 juill. 2003, portant répression des infractions contenues dans certains actes uniformes OHADA.

et le Sénégal[143] l'ont fait dans des délais qu'on pourrait considérer comme raisonnables, la plupart des États ont dû attendre dix ans et même parfois près de vingt ans pour se conformer à leurs obligations communautaires[144]. Pendant longtemps, dans la majeure partie des pays de l'OHADA, les incriminations nouvelles contenues dans les actes uniformes et qui n'existaient pas dans les législations nationales antérieures ne pouvaient donc être sanctionnées faute de texte ! *Nullum crimen nulla poena sine lege.* Quant aux anciennes incriminations reprises par les actes uniformes, les textes nationaux qui les organisaient devaient être considérés comme abrogés, en vertu de l'article 10 du Traité (tel qu'interprété par la CCJA dans l'avis déjà cité du 30 avril 2001), dans la mesure où ils sont identiques aux actes uniformes. L'abrogation de ces différents textes d'incrimination devait avoir pour conséquence l'abrogation des textes nationaux réglementant leur sanction. De la sorte, les infractions contenues dans les actes uniformes et qui sont la reprise d'infractions qui existaient déjà au niveau national, ne

---

[143] Loi n° 98-22, 26 mars 1998 portant sur les sanctions pénales applicables aux infractions contenues dans l'AUDSC et GIE.

[144] V. par exemple : loi n° 10. 001 du 6 janv. 2010 portant code pénal centrafricain (art. 208 et s.) ; loi n° 2011-20 du 12 oct. 2011 portant lutte contre la corruption et autres infractions connexes en République du Bénin (art. 64 et s.) ; loi congolaise n° 12-2013 du 28 juin 2013 portant sanctions pénales aux infractions prévues par les actes uniformes du traité de l'OHADA relatifs au droit commercial général, au droit des sociétés commerciales et du GIE, au droit comptable, au droit des sûretés et au droit des procédures collectives d'apurement du passif ; Togo, loi n° 2015-10 du 24 nov. 2015 portant nouveau code pénal (art. 1103 et s.) ; loi ivoirienne n° 2017-727 du 9 nov. 2017 portant répression des infractions prévues par les actes uniformes du traité relatif à l'harmonisation du droit des affaires en Afrique ; loi n° 2017-01 du 8 mai 2017 portant code pénal du Tchad (Livre 7, art. 473 et s.).

pouvaient être réprimées faute de textes nationaux qui en fixaient les sanctions[145].

64. Difficultés à remédier aux violations des obligations communautaires des États. Remédier à l'inertie ou même à la mauvaise exécution des obligations communautaires des États en matière législative est d'autant plus difficile, qu'en l'état actuel, la plupart des pays de l'OHADA admettent de manière restrictive la responsabilité de l'État du fait des lois. Dans la plupart des pays de l'OHADA très souvent inspirés du droit français, la responsabilité de l'État pour dommages causés par les lois est une responsabilité sans faute pour rupture de l'égalité devant les charges publiques[146]. Il s'agit d'une responsabilité objective, susceptible d'être engagée en raison du préjudice causé. Ainsi, la victime n'a pas à démontrer le caractère fautif du fait dommageable et de l'autre côté, la preuve par le défendeur de l'absence de faute n'a aucune incidence sur la mise en œuvre de la responsabilité[147]. Il ne faut cependant pas se méprendre. Dans certains pays de l'OHADA, la loi, considérée comme l'expression de la volonté générale, jouit d'un statut juridique privilégié qui parfois lui confère une totale immunité juridictionnelle[148]. Comme cela a été très bien démontré par la doctrine française[149], les conditions de mise en œuvre de la responsabilité de l'État législateur

---

[145] V. aussi R. SOCKENG, *op. cit.*, p. 39.

[146] V. CE, 14 janv. 1938, n° 51704, Société des produits laitiers *La Fleurette* ; CE, 21 janv. 1994, Caucheteux et Desmonts.

[147] R. CHAPUS, *Droit administratif général*, Paris, Montchrestien, t. 1, 15e éd, 2001, n° 1484.

[148] Tel est le cas du contrôle *a posteriori* de la constitutionnalité des lois qui ne saurait être effectué par le juge administratif ou par le juge judiciaire au Cameroun.

[149] V. par exemple, G. ALBERTON, « Le régime de la responsabilité des lois confronté au droit communautaire : de la contradiction à la conciliation ? », *RFDA*, 1997, pp. 1017 et s.

aboutissent en réalité à en faire une responsabilité exceptionnelle, un produit de luxe dont on ne se sert pas tous les jours[150], de ce fait incompatible avec les conséquences de l'effet direct et de la primauté du droit communautaire[151]. En effet, contrairement au régime général de la responsabilité de l'État, le préjudice à la base de la responsabilité du législateur n'est pas un préjudice quelconque. Il doit s'agir d'une part, d'un dommage spécial, c'est-à-dire qu'il ne doit atteindre qu'un nombre restreint d'individus. Or, comme le relève G. Morange, « les dispositions insérées dans une loi étant presque toujours de portée générale et impersonnelle, elles intéresseront au moins toute une catégorie sociale ou professionnelle et non des individualités [...] Le préjudice consécutif à l'entrée en vigueur d'une loi nouvelle est donc rarement spécial »[152]. D'autre part, il doit s'agir d'un dommage anormal, c'est-à-dire atteignant un certain degré de gravité ou pour reprendre une formule jurisprudentielle, il faut que la personne lésée ait supporté « un préjudice excédant les gênes et inconvénients ordinaires résultant de la vie en société »[153]. Cette deuxième condition confère de toute évidence une importante marge d'appréciation au juge, ce qui rend improbables les solutions à intervenir et fait craindre le spectre d'un Gouvernement des juges[154] ;

---

[150] R. CHAPUS, *op. cit.*, n°s 1516 et 1518-4.

[151] Pour preuve, en droit français, une étude faite à la fin des années 1990 recense moins de cinq cas de responsabilité établie de l'État du fait des lois. J. MOREAU, « L'évolution des sources du droit de la responsabilité administrative », *Mélanges en hommage à François Terré*, Paris, PUF, éd. du Juris-Classeur, 1999, p. 726, note de bas de page n° 1.

[152] G. MORANGE, « L'irresponsabilité de l'État législateur (évolution et avenir) », *D.* 1962, Chr., p. 163, cité par G. ALBERTON, *op. cit.*, p. 1020.

[153] CE, 24 juill. 1931, n° 99872, Commune de Vic-Fézensac, Rec., p. 860.

[154] G. ALBERTON, *op. cit.*, p. 1201.

d'où ces propos de P. Amselek pour qui dans ce domaine, le juge administratif « défie en réalité toute tentative rigoureuse de systématisation (...) pour faire au contraire dominer l'empirisme, l'appréciation subjective et intuitive »[155]. De surcroît, la responsabilité de l'État du fait des lois suppose que le législateur n'ait pas voulu exclure toute réparation des préjudices qu'elles pourraient causer. Dans l'arrêt *La Fleurette*, le Conseil d'État affirme dans ce sens qu'« il faut que rien, ni dans les textes mêmes de la loi ou dans ses travaux préparatoires, ni dans l'ensemble des circonstances de l'affaire, ne permette de penser que le législateur a entendu faire supporter à l'intéressé une charge qui ne lui incombe normalement ». Enfin, quand bien même les systèmes juridiques nationaux consacreraient une responsabilité pour faute de l'État du fait des lois, le justiciable devrait s'attendre à faire face aux nombreuses difficultés que comporte, dans la plupart des pays de l'OHADA, la mise en œuvre de la responsabilité de l'État[156].

---

155 P. AMSELEK, « La responsabilité sans faute des personnes publiques d'après la jurisprudence administrative », *Mélanges Ch. Eisenmann*, Paris, Cujas, 1975, p. 258.

156 Au Cameroun, v. : J. OWONA, *Droit administratif spécial de la République du Cameroun*, Paris, Edicef, 1985, pp. 224 et s. ; M. KAMTO, *Droit administratif processuel du Cameroun*, Yaoundé, PUC, 1990, n° 49. La CCJA pourrait bien venir au secours des justiciables en posant le moment venu le principe de la responsabilité pour faute des États en cas de violation par ces derniers de leurs obligations communautaires. À titre de droit comparé, cette position est déjà celle de la cour de justice de l'Union européenne. V. CJCE, 19 nov. 1991, aff. C-6/90 et C-9/90, A. Francovich, D. Bonifaci et autres, Rec. I-5403 : JurisData n° 1991-500019 ; CJCE, 5 mars 1996, aff. C-46/93 et C-48/93, Brasserie du Pêcheur et Factortame, Rec., I, 1029 : JurisData n° 1996-610320 ; CJCE, 30 sept. 2003, aff. C-224/01, Köbler, Rec., I-10290 : JurisData n° 2003-400008 ; L. DUBOUIS, *La responsabilité de l'État pour les dommages causés aux particuliers par la violation du droit communautaire* (décision de la cour de justice des

Section 2 : Les attributions de la CCJA en matière d'arbitrage

65. Distinction. Dans le domaine de l'arbitrage, on distingue les attributions de la CCJA comme centre permanent d'arbitrage (§1) et les attributions de la CCJA dans l'arbitrage de droit commun (§2).

§1- Les attributions de la CCJA comme centre permanent d'arbitrage

66. Plan. Comme centre permanent d'arbitrage, les attributions de la CCJA sont administratives (A) et juridictionnelles (B).

A- Les attributions administratives

67. Nature. Agissant comme centre permanent d'arbitrage, la CCJA n'est pas une juridiction puisqu'elle ne tranche pas elle-même les différends. Son rôle consiste plutôt à concourir à la mise en place et au déroulement satisfaisant de la procédure arbitrale. Les décisions que la CCJA rend en tant que centre permanent d'arbitrage sont de nature administrative, dépourvues de toute autorité de chose jugée sans recours et dont les motifs ne sont pas communiqués[157]. Il a cependant été soutenu que si cette formule exclut tout recours juridictionnel, elle n'exclut pas la possibilité d'un recours gracieux[158].

68. Contenu. Les attributions administratives de la CCJA en qualité de centre permanent d'arbitrage sont

---

communautés européennes 19 novembre 1991 Francovich et Bonifaci, aff. jointes C-6/90 et C-9/90), *RFDA*, janv.-févr. 1992, p. 5.

[157] Art. 1.1., RA CCJA.
[158] Ph. LEBOULANGER, « L'arbitrage et l'harmonisation du droit des affaires en Afrique », *Revue de l'arbitrage*, n° 3, 1999, p. 575.

principalement prévues par le règlement d'arbitrage de la CCJA et concernent essentiellement : la nomination des arbitres, leur récusation, leur remplacement (1) ; la demande d'arbitrage, la réponse à la demande d'arbitrage et l'examen *prima facie* de l'existence de la convention d'arbitrage (2) ; la fixation des provisions, la détermination du siège de l'arbitrage et l'examen des projets de sentence (3).

1- La nomination, la récusation et le remplacement des arbitres

69. La nomination ou la confirmation des arbitres. Si les arbitres sont désignés soit par les parties à l'arbitrage, soit par leurs pairs, leur nomination est toujours l'œuvre de la CCJA. On distingue toutefois trois types de nominations.

Il y a d'abord la nomination-confirmation qui fait suite à la désignation de l'arbitre unique ou des arbitres d'un commun accord par les parties à l'arbitrage.

Il y a ensuite une nomination qui n'est pas précédée par la désignation de l'arbitre par les parties et qui intervient dans trois hypothèses. En premier lieu, lorsque les parties à l'arbitrage s'abstiennent de désigner le ou les arbitres. En deuxième lieu, si le litige doit être tranché par trois arbitres, le troisième arbitre qui assume la présidence du tribunal arbitral est nommé par la CCJA à moins que les parties n'aient prévu que les arbitres qu'elles ont désignés choisiraient le troisième arbitre dans un délai déterminé. En troisième lieu, si les parties n'ont pas fixé d'un commun accord le nombre des arbitres, la CCJA nomme un arbitre unique à moins que le différend ne lui paraisse justifier la désignation de trois arbitres, auquel cas les parties disposeront d'un délai de 15 jours pour procéder à la désignation des arbitres.

Il y a enfin la nomination de l'arbitre faute d'accord entre les parties. Cette nomination fait suite au recours en révision contre la sentence arbitrale et a lieu lorsqu'il s'agit de constituer un nouveau tribunal arbitral chargé de connaître dudit recours[159]. La CCJA est alors autorisée à nommer soit l'arbitre unique si le tribunal arbitral était constitué d'un seul arbitre, soit l'arbitre unique ou trois arbitres après consultation des parties si le tribunal arbitral était composé de trois arbitres, soit enfin, un ou deux arbitres si le tribunal arbitral était constitué de trois arbitres et qu'un seul ou deux d'entre eux ne peuvent plus être réunis[160].

70. La récusation des arbitres. Il n'est point discutable que l'arbitre remplisse une véritable fonction juridictionnelle. À ce titre et comme pour les juges étatiques, il doit être indépendant et impartial. En cas d'absence d'indépendance ou d'impartialité de l'arbitre nommé par la CCJA, la procédure ouverte est celle de la récusation. Cela ressort clairement de l'article 4.2 du règlement d'arbitrage de la CCJA qui mentionne comme cause de récusation pouvant justifier cette procédure « le défaut d'indépendance (...) ou tout autre motif ».

La procédure de récusation est de la compétence de la CCJA qui est saisie, via le secrétaire général de cette juridiction au moyen d'une demande formulée par l'une des parties à l'arbitrage. Dans le but de faciliter la mise en œuvre de la procédure de récusation et d'en accroître l'efficacité, il pèse sur les arbitres, avant ou après leur nomination, une obligation d'information des circonstances

---

[159] Dans le règlement d'arbitrage de la CCJA du 11 mars 1999, le recours en révision rentrait dans le cadre des attributions juridictionnelles de la CCJA. A. FÉNÉON, *OHADA Droit de l'arbitrage. Commentaire de l'Acte uniforme sur l'arbitrage et le règlement de la CCJA*, Paris, Edicef, 2000, p. 148.
[160] Art. 32, RA CCJA.

de nature à remettre en cause leur indépendance ou leur impartialité[161].

71. Le remplacement des arbitres. Entre également dans les attributions administratives de la CCJA, le remplacement des arbitres. Les causes de remplacement de l'arbitre sont les suivantes : le décès, la récusation lorsque, bien sûr, elle est jugée fondée, la démission lorsque celle-ci a été acceptée par la Cour, l'empêchement *de jure* ou *de facto* de l'arbitre à accomplir sa mission, lorsque l'arbitre ne remplit pas ses missions dans les délais et conformément aux textes de l'OHADA (traité de l'OHADA, titre IV et règlement d'arbitrage de la CCJA).

S'agissant particulièrement de la démission, une précision complémentaire s'impose. Même non agréée par la Cour, la démission de l'arbitre pourrait cependant conduire à son remplacement. Tel est le cas si l'arbitre démissionnaire qui en plus refuse de poursuivre sa mission malgré le refus de sa démission, est l'arbitre unique ou le président du tribunal arbitral. Dans les autres cas de démission non acceptée de l'arbitre, la Cour, avant de procéder au remplacement, apprécie en prenant en compte l'état d'avancement de la procédure et l'avis des deux autres arbitres.

Par ailleurs, lorsque le remplacement de l'arbitre intervient parce qu'il ne remplit pas ses fonctions conformément à la loi communautaire ou dans les délais impartis, la nomination d'un nouvel arbitre est faite par la Cour sur avis de la partie qui avait désigné l'arbitre à remplacer sans que la Cour soit liée par l'avis ainsi exprimé.

---

[161] F. ANOUKAHA, « L'obligation d'information de l'arbitre en droit OHADA », *L'obligation Études offertes au Professeur Paul-Gérard Pougoué*, Yaoundé, Harmattan Cameroun, 2015, pp. 87 et s.

Enfin, en cas d'empêchement de l'arbitre ou lorsque celui-ci ne remplit pas ses fonctions dans le respect du droit communautaire ou des délais impartis, la situation est analysée dans la doctrine comme un cas de révocation[162]. Il s'agit alors d'une véritable sanction pour l'arbitre défaillant. C'est ce qui justifie en cette hypothèse que le remplacement de l'arbitre soit précédé d'une procédure contradictoire au cours de laquelle l'arbitre concerné, les parties à l'arbitrage et les autres membres du tribunal sont appelés à présenter leurs observations par écrit et dans un délai approprié.

2- La demande d'arbitrage, la réponse à la demande d'arbitrage et l'examen *prima facie* de l'existence de la convention d'arbitrage

72. Demande d'arbitrage, réponse à la demande d'arbitrage. La demande d'arbitrage est l'acte juridique qui entame une procédure d'arbitrage. Elle est l'œuvre du demandeur à la procédure arbitrale. Quant à la réponse à la demande d'arbitrage, elle émane du défendeur à la procédure et constitue comme son nom l'indique, la réponse que ce dernier formule à la demande d'arbitrage.

Bien qu'elles rentrent dans les attributions administratives de la CCJA dans l'arbitrage CCJA, la demande d'arbitrage ou même la réponse à cette demande ne sont cependant pas directement adressées à la Cour. La demande d'arbitrage et la réponse à la demande d'arbitrage sont en réalité adressées au secrétaire général de la Cour. Après réception, il appartient ensuite à ce dernier de saisir la Cour pour la mise en œuvre de l'arbitrage.

---

[162] P. MEYER, *OHADA Droit de l'arbitrage*, Bruxelles, Bruylant, 2002, n° 244.

Même si elle marque l'introduction de la procédure d'arbitrage, ce qui justifie notamment que la date de réception par le secrétaire général de la demande d'arbitrage forme la date d'introduction de la procédure, la demande d'arbitrage à elle seule n'emporte pas irréversiblement le recours à l'arbitrage CCJA. Malgré la demande d'arbitrage formulée, il se pourrait très bien que finalement l'arbitrage CCJA n'ait pas lieu. Au regard de la loi communautaire, une demande d'arbitrage pourrait ne pas déboucher sur la tenue de l'arbitrage lorsque, *prima facie*, il n'existe pas de convention d'arbitrage entre les parties et qu'en plus, le défendeur soit décline la compétence du centre d'arbitrage de la CCJA, soit ne répond pas dans le délai de 30 jours[163] qui lui est imparti, à la demande d'arbitrage. Si la première condition est nécessaire, les deux autres conditions sont alternatives, ce qui signifie que l'une ou l'autre suffit. La décision sur la tenue ou non de l'arbitrage est de la compétence de la CCJA qui est saisie à cet effet par le secrétaire général qui en informe le demandeur. Ce dernier peut s'il le souhaite, présenter dans les 30 jours qui suivent des observations. Lorsque le demandeur a produit des observations, la Cour statue au vu de celles-ci.

73. Examen *prima facie* de l'existence de la convention d'arbitrage. Appelée à se prononcer sur l'existence *prima facie* d'une convention d'arbitrage, la CCJA rend deux types de décisions. Soit elle conclut à l'existence de la convention d'arbitrage. Ceci n'exclut toutefois pas que les arbitres soient appelés à se prononcer sur leur propre compétence conformément à l'article 10.3 du règlement d'arbitrage de la CCJA. Soit la CCJA conclut à l'inexistence *prima facie* de la convention d'arbitrage

---

[163] Ce délai court à compter du jour où le défendeur a reçu notification par le secrétaire général de la demande d'arbitrage.

auquel cas, l'arbitrage sollicité ne peut avoir lieu[164]. Bien que conforme à la pratique internationale[165], la conséquence tirée de la décision de la CCJA considérant inexistante *prima facie*, la convention d'arbitrage a été jugée excessive ou trop autoritaire[166]. Aussi, des auteurs ont-ils proposé que, malgré la décision de la CCJA, l'instance arbitrale puisse tout de même se tenir et que notamment les arbitres saisis se prononcent sur leur propre compétence, à travers un examen de l'existence de la convention d'arbitrage[167].

3- Les frais d'arbitrage, la provision pour frais d'arbitrage, la détermination du siège de l'arbitrage et l'examen des projets de sentence

74. Frais d'arbitrage. La justice arbitrale a un coût. Aux termes de l'article 24.3 du règlement d'arbitrage de la CCJA, les frais d'arbitrage comprennent : les honoraires de l'arbitre et les frais administratifs fixés par la Cour, les frais éventuels de l'arbitre, les frais de fonctionnement du tribunal arbitral, les honoraires et frais des experts en cas d'expertise, les frais normaux exposés par les parties pour leur défense. Les honoraires des arbitres et les frais administratifs de la Cour sont fixés conformément au barème prévu par les annexes de la décision n° 004/99/CCJA du 3 février 1999 relative aux frais

---

164 Art. 9, al. 1er, *in fine* RA CCJA.

165 N. AKA, A. FÉNÉON et J.-M. TCHAKOUA, *Le Nouveau droit de l'arbitrage et de la médiation en Afrique (OHADA),* LGDJ, 2018, p. 196.

166 P.- G. POUGOUÉ, J.-M. TCHAKOUA et A. FÉNÉON, *Droit de l'arbitrage dans l'espace OHADA*, *op. cit.*, p. 266.

167 J.-M. TCHAKOUA, « Arbitrage CCJA », *in* P.-G. POUGOUE (dir.) *Encyclopédie du droit OHADA*, *op. cit.*, n° 30 ; P. MEYER, Commentaire du règlement d'arbitrage de la CCJA du 11 mars 1999, *in OHADA Traité et actes uniformes commentés et annotés*, 4e éd., Juriscope, 2012, p. 199.

d'arbitrage[168]. Toutefois, si des circonstances exceptionnelles l'exigent, la Cour peut fixer les honoraires de l'arbitre à un montant supérieur ou inférieur à ce qui résulterait de l'application du barème soit d'office soit à la demande motivée de l'arbitre[169].

En tout état de cause, c'est dans la sentence arbitrale que le tribunal arbitral liquide les frais réellement exposés pour la tenue de la procédure d'arbitrage et en fixe la clé de répartition entre les parties ou alors indique laquelle des parties en supporte la totalité[170]. Dans la fixation de ces frais, il est tenu compte des circonstances pertinentes y compris des conditions dont chacune des parties a conduit l'arbitrage avec célérité et efficacité en termes de coûts[171]. S'agissant de la fixation des honoraires des arbitres, elle est faite avec l'aval de la Cour[172]. À défaut, elle est nulle et de nul effet[173], sans que cela puisse constituer une cause d'annulation de la sentence[174]. Les honoraires, les frais des arbitres et les frais administratifs peuvent aussi être fixés par la Cour. C'est le cas lorsqu'il y a retrait de toutes les demandes ou s'il est mis fin à l'arbitrage avant qu'une sentence définitive ne soit rendue. En pareille circonstance, c'est également à la Cour qu'il revient de trancher toute contestation entre parties relative aux frais d'arbitrage[175].

---

[168] Art. 24.3 (a) *in fine* RA CCJA.
[169] Art. 24.4, RA CCJA.
[170] Art. 24.1, RA CCJA.
[171] Art. 24.2, RA CCJA.
[172] Il en résulte la prohibition des accords entre les parties et le tribunal arbitral sur les honoraires. N. AKA, A. FÉNÉON et J.-M. TCHAKOUA, *op. cit.*, p. 234.
[173] Pour un cas d'application sous l'ancien RA CCJA, v. CCJA, Ass. plén., arrêt n° 139 du 19 nov. 2015, République de Guinée c. GETMA International, Ohadata J-16-132.
[174] Art. 24.4, al. 2, RA CCJA.
[175] Art. 24.5, RA CCJA.

75. Provision pour frais d'arbitrage. En attendant la liquidation des frais d'arbitrage, la mise en œuvre de l'arbitrage génère des charges qu'il faut financièrement supporter. C'est ce qui justifie l'exigence à l'ouverture de l'arbitrage d'une provision[176]. La provision pour frais d'arbitrage peut se définir comme une somme d'argent versée à l'avance au secrétaire général de la Cour dans le but de couvrir les frais occasionnés par l'arbitrage. C'est à la CCJA qu'il revient le pouvoir de fixer le montant de la provision pour frais d'arbitrage. Le montant de la provision fixé par la CCJA est susceptible d'ajustement par cette même institution. C'est le cas si le montant en litige est modifié d'un quart au moins ou si des éléments nouveaux rendent nécessaire cet ajustement. Le montant de la provision peut par ailleurs, ne pas concerner l'ensemble de la procédure arbitrale, mais se limiter à quelques actes. C'est ce qui ressort notamment de l'article 11.1, alinéa 3, du règlement d'arbitrage de la CCJA qui prévoit la possibilité pour la Cour de fixer des provisions distinctes pour la demande principale et pour la(les) demande(s) reconventionnelle(s) si une partie en fait la demande.

Lorsque la provision pour frais d'arbitrage couvre la totalité des frais d'arbitrage, elle est due par les parties à l'arbitrage par parts égales. Le versement de la totalité de cette provision peut cependant être fait par l'une des parties si l'autre s'abstient de le faire[177]. En cas de provision distincte, chaque partie supporte le montant correspondant à sa demande.

76. Siège de l'arbitrage. Les compétences de la CCJA quant au siège du tribunal arbitral, concernent le choix dudit siège et son éventuel déplacement.

---

[176] Art. 11, RA CCJA.

[177] Art. 4, al. 1er de la décision n° 004/99/CCJA du 3 fév. 1999 relative aux frais d'arbitrage.

Normalement, c'est aux parties à l'arbitrage qu'il revient de choisir le siège de l'arbitrage soit dans la convention d'arbitrage soit dans une convention ultérieure. C'est seulement à défaut de choix opéré par les parties que le siège de l'arbitrage est fixé par la CCJA par décision prise avant la transmission du dossier à l'arbitre[178].

Peu importe qu'il soit choisi par les parties ou par la CCJA, le siège de l'arbitrage peut être déplacé par la Cour. Le déplacement du siège de l'arbitrage a lieu en cas de difficulté ou d'impossibilité de déroulement de la procédure arbitrale au lieu fixé comme siège de l'arbitrage. Pour que la Cour en vienne à déplacer le siège de l'arbitrage, il faut qu'une demande dans ce sens ait été formulée par les parties ou l'une d'elles ou par l'arbitre[179].

77. Examen des projets de sentences. Les attributions administratives de la CCJA comme centre permanent d'arbitrage comprennent enfin l'examen préalable des projets de sentences[180]. Pour accroître la célérité de la procédure d'arbitrage, le nouveau règlement d'arbitrage a accordé à la Cour un délai maximum d'un mois à compter de la réception du projet de sentence pour procéder à son examen préalable. Sont soumis à l'examen préalable de la Cour, les projets de sentences suivants : les sentences sur la compétence, les sentences partielles qui mettent un terme à certaines prétentions des parties et les sentences définitives. Cette énumération étant limitative, les autres types de sentences comme les sentences partielles qui ne mettent pas un terme à certaines prétentions des parties à l'instar des sentences ordonnant les mesures provisoires, ne sont pas soumises à l'examen préalable de la Cour, mais lui sont seulement transmises pour information.

---

[178] Art. 13, al. 1 et 2, RA CCJA.
[179] Art. 13, al. 4, RA CCJA.
[180] Art. 23, RA CCJA.

Dans le règlement d'arbitrage de 1999, les pouvoirs de la Cour dans l'examen préalable de la sentence arbitrale étaient réduits[181]. Elle ne pouvait proposer à cette occasion que des modifications de pure forme. Dans le Règlement actuellement en vigueur, les pouvoirs de la CCJA sur l'examen préalable de la sentence arbitrale ont été considérablement renforcés sans toutefois qu'il en découle pour la Cour le pouvoir de modifier, d'influencer ou de trancher le fond du litige. Ainsi, la Cour peut attirer l'attention du tribunal arbitral sur des demandes qui n'auraient pas été traitées, des mentions obligatoires qui auraient été omises dans le projet de sentence, le défaut de motivation de la sentence ou une apparente contradiction dans le raisonnement.

B- Les attributions juridictionnelles

78. Plan. La CCJA se distingue des autres centres permanents d'arbitrage parce qu'elle exerce des fonctions juridictionnelles. Celles-ci comprennent l'exequatur des sentences arbitrales (1), le contentieux des mesures provisoires (2) et les voies de recours contre les sentences arbitrales (3).

1- L'exequatur des sentences arbitrales

79. Compétence, portée de l'exequatur et de la formule exécutoire. L'exequatur des sentences arbitrales rendues en application du règlement d'arbitrage de la CCJA est de la compétence du président de la CCJA ou du juge délégué à cet effet[182]. Sont ici concernées aussi bien les

---

[181] N. AKA, A. FÉNÉON et J.-M. TCHAKOUA, *Le Nouveau droit de l'arbitrage et de la médiation en Afrique (OHADA), op. cit.*, p. 232.

[182] V. par exemple : Ord. n° 02 du 5 mars 2007, Banque internationale du Burkina (BIB) c. Kiendrebeogo Rayi Jean, Rec., n° 9, janv.-juin 2007, p. 100.

sentences définitives que les sentences prononçant des mesures provisoires ou conservatoires[183]. En cette matière, la compétence du président de la CCJA ou du juge délégué à cet effet est exclusive[184]. Toute autre juridiction qui serait saisie d'une demande d'exequatur doit par conséquent se déclarer incompétente[185]. Bien évidemment, la compétence de la CCJA comme juge de l'exequatur des sentences arbitrales CCJA ne vaut que pour les États membres de l'OHADA. Dans les États qui ne sont pas membres de l'OHADA, l'exequatur des sentences arbitrales rendues par le centre permanent d'arbitrage de la CCJA obéit à la législation nationale de l'État où l'exequatur est requis[186]. Quant à l'exequatur de la CCJA, il diffère de celui des États en ceci qu'il est valable dans l'ensemble des pays membres de l'OHADA. Une sentence arbitrale rendue dans l'arbitrage CCJA n'a donc pas besoin d'autant d'exequatur que de pays membres où elle est susceptible de recevoir exécution[187]. En revanche, pour la formule exécutoire, son rayon d'action se limite au territoire du pays dont elle est l'émanation. Aussi, une formule exécutoire apposée sur une sentence arbitrale CCJA dans un pays membre de l'OHADA ne saurait déboucher sur une exécution forcée dans un autre pays membre de la même organisation[188].

---

183 Art. 10-1, al. 2 et art. 30, RA CCJA.

184 Art. 25 du traité de l'OHADA.

185 CA Abidjan, arrêt n° 741 du 2 juil. 2004, Plaza Center c. Société de coordination et d'ordonnancement Afrique de l'Ouest, Actualités juridiques, n° 48, 2005, p. 124, note F. KOMOIN, Ohadata J-05-346.

186 P. MEYER, *in OHADA Traité et actes uniformes commentés et annotés*, Juriscope, 2018, pp. 225-226.

187 R. BOIVIN et P. PIC, « L'arbitrage international en Afrique : quelques observations sur l'OHADA », *Revue générale de droit*, Vol. 32, n° 4, 2002, pp. 860 et s.

188 P. MEYER, *OHADA Droit de l'arbitrage*, Bruxelles, Bruylant, 2002, n° 412.

80. Procédure : innovations et continuité. La procédure d'exequatur a connu quelques modifications qu'on peut situer dans trois principales perspectives : faire une application satisfaisante de la distinction de la compétence de la Cour et celle de son président, renforcer les pouvoirs de la juridiction présidentielle et améliorer la célérité de la procédure.

Sur le premier point, une innovation retient l'attention. On avait observé dans l'ancien règlement d'arbitrage que bien que la procédure d'exequatur relève de la compétence du président, la requête aux fins d'exequatur était pourtant adressée à la Cour[189]. Sachant que dans la théorie générale du procès, on distingue clairement la compétence de la Cour ou du tribunal de celle de son président, le choix de la requête adressée à la Cour et non pas au président de la Cour était surprenant, en tout cas pas en adéquation avec la répartition des compétences juridictionnelles établie en la matière. C'est ce qui justifie que dans le nouveau Règlement, dans le but de réaffirmer la distinction de la juridiction présidentielle et celle de la Cour, la requête aux fins d'exequatur est désormais adressée au président de la CCJA avec copie au secrétaire général de la Cour[190]. Malheureusement, même dans le nouveau règlement d'arbitrage, on retrouve mentionnée une intervention injustifiée de la Cour lorsqu'il est fait obligation au secrétaire général de transmettre immédiatement à la Cour des documents permettant d'établir l'existence de la sentence arbitrale et de la convention d'arbitrage. En toute logique, la requête aux fins d'exequatur étant adressée au

[189] Art. 30.1. Il faut ajouter au règlement d'arbitrage, l'article 25 du Traité qui attribue, sans doute de façon générique, compétence à la Cour pour rendre des décisions d'exequatur.
[190] Art. 30.1.

président de la Cour, c'est à ce dernier et pas à la Cour que ces documents doivent être transmis[191].

Sur le deuxième point, dans l'ancien Règlement, l'ordonnance accordant l'exequatur pouvait donner lieu à une opposition. Celle-ci était formée dans les 15 jours de la notification à la partie adverse et était jugée contradictoirement par la Cour selon la procédure ordinaire applicable devant cette juridiction[192]. Dans le nouveau Règlement, les choses ont considérablement évolué dans le sens du renforcement des pouvoirs de la juridiction présidentielle. L'ordonnance qui accorde l'exequatur n'est plus susceptible d'aucun recours[193].

Sur le troisième point, dans le but d'améliorer la célérité de la procédure d'exequatur, le règlement d'arbitrage de 2017 a innové en imposant au président de la Cour un délai au bout duquel il doit rendre l'ordonnance d'exequatur. Ce délai est de 15 jours à compter du dépôt de la requête. Il est ramené à trois jours lorsque la demande d'exequatur porte sur une sentence relative à des mesures conservatoires ou provisoires. Par ailleurs, lorsque l'exequatur est refusé, le délai de saisine de la Cour qui est normalement de 15 jours est ramené à trois jours si le recours porte sur l'exécution d'une sentence relative à des mesures provisoires ou conservatoires.

En dehors de ces innovations, on observe que le reste de la procédure d'exequatur a été reconduite. Ainsi, la requête aux fins d'exequatur est logiquement formulée par la partie qui a gagné et qui souhaite obtenir l'exécution de la sentence. La procédure d'exequatur devant le président de

---

191 Dans le même sens, F. ANOUKAHA, « Le contrôle de la Cour commune de justice et d'arbitrage sur les instances arbitrales dans l'espace OHADA », *Juridis périodique*, n° 115, 2018, p. 169.

192 Art. 30.5.

193 Art. 30.4.

la Cour n'étant pas contradictoire, l'autre partie, c'est-à-dire la partie qui a succombé, n'est pas autorisée à faire des observations et à développer des arguments qui militent contre la demande d'exequatur. En cas de rejet de la demande d'exequatur, la partie requérante peut saisir la Cour dans les 15 jours à compter du jour où elle a reçu notification du rejet de la requête. Le recours contre le rejet de la demande d'exequatur doit être notifié à la partie adverse.

Le contrôle exercé par la CCJA dans la procédure d'exequatur des sentences arbitrales CCJA a également été maintenu. Il continue donc de se situer aux antipodes de ce qui est généralement observé pour ce type de procédure. Le contrôle juridictionnel, avant l'octroi éventuel de l'exequatur, se présente habituellement comme un contrôle léger qui se limite normalement à un examen *prima facie* de la régularité de la sentence[194]. C'est ce qu'on observe par exemple dans l'arbitrage réglementé par l'acte uniforme qui subordonne l'exequatur de la sentence à l'établissement par la partie qui s'en prévaut, de l'existence de la sentence arbitrale et à la non-contrariété manifeste de celle-ci à une règle d'ordre public international. En revanche, dans le règlement d'arbitrage CCJA, l'exequatur est subordonné à une multitude de conditions qui débouchent inéluctablement sur un contrôle approfondi et large de la sentence arbitrale[195]. D'une part, comme dans l'arbitrage de droit commun, l'exequatur est refusé si la sentence arbitrale est contraire à l'ordre public international. D'autre part, et allant au-delà, le règlement d'arbitrage de la CCJA énumère trois autres cas de rejet de la demande d'exequatur : si le tribunal arbitral a statué sans convention d'arbitrage ou sur une convention nulle ou expirée ; si le tribunal arbitral a

---

194 J.-M. TCHAKOUA, « La pratique de l'exequatur des sentences arbitrales au Cameroun », *Juridis périodique*, n° 96, 2013, pp. 140-141.
195 J.-M. TCHAKOUA, *ibid.*

statué sans se conformer à la mission qui lui avait été conférée ; et enfin, lorsque le principe de la procédure contradictoire n'a pas été respecté. En définitive, un seul cas de demande d'exequatur n'appelle pas véritablement d'examen en profondeur de la sentence arbitrale. C'est l'hypothèse où la Cour est déjà saisie pour la même sentence d'un recours en annulation, car alors il y a connexité ce qui oblige la Cour à rejeter la demande d'exequatur et à procéder à une jonction de procédures.

Même si, contrairement à la pratique courante, le contrôle de la CCJA comme juge de l'exequatur est plus étendu, force est de reconnaître que, comme pour la plupart des sentences arbitrales, le rejet de l'exequatur dans les sentences CCJA devrait être l'exception alors que l'octroi de l'exequatur serait le principe[196]. En réalité, le contrôle exercé par la CCJA tout au long de la procédure arbitrale, notamment au moyen de ses attributions administratives, rend peu probable en bout de chaîne qu'on en arrive à une sentence non conforme aux exigences qui en conditionnent l'exequatur.

2- Le contentieux des mesures provisoires

81. Nécessité des mesures provisoires. La justice est rendue au bout de l'écoulement d'un temps qui peut être plus ou moins long. Qu'il s'agisse de la justice étatique ou de la justice arbitrale, il peut s'avérer utile dans l'urgence, que soient adoptées des mesures provisoires ou conservatoires en attendant la décision définitive ou sur le fond[197].

---

[196] P.-G. POUGOUÉ, « L'arbitrage dans l'espace OHADA », *Cours de l'Académie de droit international de La Haye*, Leiden/Boston, 2016, p. 192.

[197] C. CHAINAIS, « Les mesures provisoires dans le nouveau droit français de l'arbitrage », *in L'Arbitre et le juge étatique Études de droit*

82. Intervention de la CCJA dans le contentieux des mesures provisoires. Dans l'arbitrage CCJA, l'intervention de la CCJA au titre du contentieux des mesures provisoires peut se faire de deux manières : dans le contentieux de l'exécution provisoire des sentences arbitrales (a) ; et comme juge de cassation dans le contentieux des mesures provisoires ordonnées par les juridictions étatiques (b).

a) Le contentieux de l'exécution provisoire des sentences arbitrales

83. Intérêt de l'exécution provisoire, naissance du contentieux de l'exécution provisoire. Lorsqu'elle est rendue, la sentence arbitrale est obligatoire. Elle peut alors être exécutée volontairement par la partie qui a succombé. Mais, en cas de résistance de la part de cette dernière, l'exécution forcée de la sentence arbitrale est subordonnée à une ordonnance d'exequatur et à l'apposition de la formule exécutoire. Que faire alors lorsqu'avant l'aboutissement de ces différentes démarches, il est de l'intérêt de la partie gagnante d'obtenir l'exécution immédiate de la sentence ? La question est d'autant plus importante que l'éventuel exercice d'un recours en annulation contre la sentence arbitrale en suspend l'exécution.

Tout ceci justifie pourquoi après avoir rendu la sentence arbitrale, le tribunal arbitral peut en ordonner l'exécution provisoire. Celle-ci permet de passer immédiatement à l'exécution de la sentence nonobstant le recours en annulation formé et en attendant l'aboutissement de la

---

comparé à la mémoire de Giuseppe Tarzia, Bruxelles, Bruylant, 2014, n° 6 ; V. DELAPORTE, « Les mesures provisoires et conservatoires en droit international privé », *in Droit international privé : travaux du comité français de droit international privé*, éd. du CNRS, 1989, pp. 147 et s.

procédure d'exequatur et l'apposition de la formule exécutoire. L'exécution provisoire est cependant susceptible de déboucher sur des abus. Aussi, peut-elle faire l'objet de contestation de la part de la personne qui en subit les effets, ce qui donne alors naissance au contentieux de l'exécution provisoire dont la compétence est attribuée à la CCJA[198]. Saisie dans le cadre d'une exécution provisoire prononcée par le tribunal arbitral, la CCJA a le choix entre confirmer l'exécution provisoire ordonnée, y mettre un terme ou alors la réaménager.

84. Intérêt relatif du contentieux de l'exécution provisoire. Le contentieux de l'exécution provisoire des sentences arbitrales CCJA est loin d'avoir le même intérêt que l'exécution provisoire des décisions des juridictions étatiques. La sentence arbitrale a certes, dès son prononcé, autorité de la chose jugée, mais elle n'a pas force exécutoire, car si les arbitres ont le pouvoir de dire le droit avec force obligatoire (*jurisdictio*), ils sont cependant dépourvus d'*imperium*[199]. Aussi, l'exécution forcée de la sentence arbitrale est-elle impérativement soumise à une ordonnance d'exequatur et à l'apposition de la formule exécutoire[200]. Il en découle que contrairement aux décisions des juridictions étatiques dont l'exécution provisoire peut conduire à l'exécution forcée, l'exécution provisoire de la sentence arbitrale ne saurait déboucher sur une exécution forcée immédiate en cas de résistance de la partie condamnée. De plus, quand bien même un recours en

---

198 Art. 30.2, al. 4, RA CCJA.

199 J.-M. TCHAKOUA, « Aux frontières de l'obligation de soumettre aux arbitres le différend visé par la convention d'arbitrage : les mesures provisoires ou conservatoires », *L'obligation, Études offertes au Professeur P.-G. Pougoué*, *op. cit.*, pp. 929 et s. ; C. SERAGLINI et J. ORTSCHEIDT, *Droit de l'arbitrage interne et international*, Paris, Montchrestien, 2013, n° 857.

200 N. AKA, A. FÉNÉON et J.-M. TCHAKOUA, *op. cit.*, p. 141.

annulation aurait été formé, il est difficile d'envisager dans l'absolu que l'exécution provisoire ordonnée aura pour effet d'empêcher la suspension de l'exécution qu'il entraîne, car faute de pouvoir passer à l'exécution forcée, l'exécution ou la non-exécution de la sentence arbitrale repose avant qu'elle ne devienne exécutoire, sur la volonté du débiteur de cette exécution.

b) Le pourvoi en cassation dans le contentieux des mesures provisoires ordonnées par les juridictions étatiques

85. Justification des mesures provisoires ordonnées par le juge étatique. Même si elles sont de la compétence du tribunal arbitral, les mesures provisoires pourraient aussi être ordonnées par les juridictions étatiques. Tel est le cas, au regard de l'article 10-1, alinéa 3 du règlement d'arbitrage de la CCJA, lorsqu'il y a urgence et que notamment il est acquis que le tribunal arbitral sollicité sur la question ne pourrait se prononcer en temps utile. Au-delà de l'hypothèse de l'urgence (qui permet aussi d'intégrer les mesures provisoires ordonnées par le juge étatique avant la constitution du tribunal arbitral[201]), la saisine des juridictions étatiques pour l'obtention des mesures provisoires se justifie par les limites inhérentes à la fonction juridictionnelle de l'arbitre. Faute d'*imperium* de l'arbitre, les mesures provisoires ordonnées par ce dernier pourraient se heurter à des problèmes d'exécution[202]. Les parties à l'arbitrage pourraient donc anticiper sur cette limite et choisir plutôt de saisir les juridictions étatiques. Au demeurant, le droit de l'OHADA lui-même consacre une catégorie de mesures provisoires ou conservatoires réservée

---

[201] C. CHAINAIS, « Les mesures provisoires dans le nouveau droit français de l'arbitrage », *op. cit.*, pp. 286 et s.

[202] C. SERAGLINI et J. ORTSCHEIDT, *Droit de l'arbitrage interne et international*, *op. cit.*, n° 691.

à la compétence exclusive des juridictions étatiques. Il s'agit des sûretés judiciaires et des saisies conservatoires[203].

86. Voies de recours contre les mesures provisoires ordonnées par le juge étatique. Lorsque les juridictions étatiques adoptent des mesures conservatoires dans l'arbitrage CCJA, celles-ci sont susceptibles de contestation, d'abord devant les juridictions nationales selon les règles propres à chaque État ; ensuite, de telles mesures sont susceptibles d'être attaquées devant la CCJA au moyen d'un recours en cassation, dans la mesure où serait en cause le droit de l'OHADA.

3- Les voies de recours contre les sentences arbitrales

87. Précisions. Les voies de recours contre la sentence arbitrale sont au nombre de trois : le recours en annulation qui se substitue au recours en contestation de validité de l'ancien règlement d'arbitrage CCJA[204], le recours en révision et la tierce-opposition. Parmi ces voies de recours, seule la première citée et la dernière sont de la compétence de la CCJA. En revanche, parce qu'il est de la compétence du tribunal arbitral à l'origine de la sentence arbitrale, le recours en révision échappe à la compétence de la CCJA.

a) Le recours en annulation

88. Caractères de la compétence de la CCJA. La compétence de la CCJA pour connaître du recours en annulation contre la sentence arbitrale est exclusive lorsque le siège de l'arbitrage se situe dans l'espace OHADA. Saisie d'un recours en annulation contre une sentence arbitrale CCJA, toute juridiction étatique doit par

---

[203] Art. 10-1, al. 1er, RA CCJA.
[204] Art. 29, ancien RA CCJA.

conséquent se déclarer incompétente[205]. En revanche, lorsque le siège de l'arbitrage se trouve hors de l'espace OHADA, la compétence de la CCJA dans le recours en annulation est concurrencée par celle des juridictions de l'État du siège de l'arbitrage[206].

89. Conditions de recevabilité et motifs ou causes du recours en annulation. À la lecture des dispositions relatives au recours en annulation, il en ressort que le langage employé par le législateur suscite la confusion entre deux notions que pourtant il faut soigneusement distinguer : les motifs ou causes d'annulation et les conditions de recevabilité du recours en annulation. En réalité, dans l'article 29.2, alinéa 2 du règlement, même si la loi énonce que : « Le recours en annulation contre la sentence n'est recevable que (…) », il ne faut pas en déduire qu'il y est évoqué les conditions de recevabilité du recours en annulation. Par conditions de recevabilité, il faut entendre un ensemble d'exigences dont la satisfaction rend possible l'examen au fond d'une demande en justice. Or, dans l'énumération de l'article 29.2, alinéa 2 précité, on observe que les éléments qui sont mentionnés relèvent de l'examen au fond de la demande. Ce n'est donc pas dans l'article 29.2, alinéa 2, mais bien dans d'autres dispositions, notamment les articles 29.2, alinéa 1er et 29.3 qu'il faut se référer pour connaître les conditions de recevabilité du recours en annulation de la sentence arbitrale.

Ces précisions étant faites, les conditions de recevabilité du recours en annulation contre la sentence arbitrale CCJA sont au nombre de deux. D'une part, le délai d'exercice de ce recours est de deux mois à compter de la notification de la sentence. Il faut cependant préciser que même si le point

---

205 C.A. Ouagadougou, 5 juin 2009, arrêt n° 34, Société *Jossira Industries* c. *Ecobank* Burkina, Ohadata J-12-168.
206 N. AKA, A. FÉNÉON et J.-M. TCHAKOUA, *op. cit.*, p. 245.

départ du délai d'exercice du recours se situe au moment de la notification de la sentence, le recours lui, peut être formé plus rapidement, notamment à compter du prononcé de la sentence et pas nécessairement au jour où elle a été notifiée. La dissociation du point de départ du recours en annulation et du moment à partir duquel il peut être exercé participe certainement de l'exigence de célérité de la justice arbitrale CCJA. D'autre part, pour que le recours en annulation soit recevable, il ne faut pas que les parties à l'arbitrage aient renoncé à l'avance à l'exercer[207]. La renonciation des parties à exercer le recours en annulation n'opère cependant comme fin de non-recevoir que lorsque la sentence n'est pas contraire à l'ordre public international.

Quant aux motifs d'annulation de la sentence arbitrale, si l'ancien Règlement en énumérait quatre, le nouveau Règlement y ajoute deux autres, créant de la sorte une identité entre les causes du recours en annulation dans l'arbitrage CCJA et l'arbitrage de droit commun. Les causes d'annulation de la sentence arbitrale énumérées par l'article 29.2, alinéa 2 du règlement d'arbitrage sont les suivantes :

[207] Selon une jurisprudence constante de la CCJA, prise notamment à propos du recours en contestation de validité, cette renonciation doit être expresse. CCJA, Ass. plén., arrêt n° 028 du 19 juil. 2007, Nestlé Sahel c. Scimas, RJ CCJA, n° 10, 2007, p. 62 et s. ; CCJA, Ass. plén., arrêt n° 033 du 23 avril 2015, État du Mali c. Société Groupe Tomota SA Ohadata J-16-33 ; CCJA, arrêt n° 102 du 15 oct. 2015, Léopold Ekwa Ngallé, Hélène Njanjo Ngallé et autres c. SNH et personnel SNH.

- si le tribunal a statué sans convention d'arbitrage[208] ou sur une convention nulle[209] ou expirée[210] ;

- si le tribunal arbitral a été irrégulièrement composé ou l'arbitre unique irrégulièrement désigné[211] ;

---

208 CCJA, Ass. plén., arrêt n° 039 du 17 avril 2014, État du Mali c. CFAO, Ohadata J-15-130 : « Attendu qu'il résulte de l'examen des pièces versées au dossier, dont notamment la sentence arbitrale, que la compétence du tribunal arbitral avait été contestée *in limine litis* par l'État du Mali ; qu'il est incontesté et incontestable qu'aucune convention formelle ne lie les deux parties ; que le tribunal qui, reconnaissant " l'absence de convention expresse entre les parties"(...), n'a retenu sa compétence qu'en raison du silence observé par l'État du Mali aux courriers du 19 avril et 13 juillet 2011 adressés par la société CFAO pour conclure à un renoncement de son déclinatoire de compétence pourtant réaffirmé et plaidé par l'État du Mali lors de l'audience des plaidoiries ; Attendu que le consentement à la saisine du tribunal arbitral sous l'égide de la CCJA ne se présume point et qu'aucune disposition ni du traité fondateur de l'OHADA, ni du règlement de procédure de la CCJA, ne permet de tirer de la non-réponse à une lettre reçue dans le cadre d'une procédure arbitrale, une renonciation à un déclinatoire écrit et plaidé de compétence ; Attendu au surplus que CFAO ne prouve pas le consentement verbal que lui aurait donné le conseil de l'État du Mali ; Qu'ainsi, le tribunal arbitral ayant statué sans convention d'arbitrage, sa sentence doit donc être annulée sans qu'il soit besoin de statuer sur le second moyen ».

209 Cf. CCJA, arrêt n° 012 du 29 nov. 2011, République de Guinée équatoriale et CEMAC c. *Commercial Bank Guinea Ecuatorial*.

210 La convention d'arbitrage est expirée en cas d'expiration du délai d'arbitrage. Il s'agit alors d'hypothèses dans lesquelles le tribunal arbitral a statué à un moment où il était dépourvu du pouvoir de le faire. P. MEYER, *OHADA Droit de l'arbitrage*, Bruxelles, Bruylant, 2002, n° 435.

211 Le législateur OHADA aurait pu se contenter de n'évoquer que l'irrégularité affectant la composition du tribunal arbitral qui intègre aussi l'irrégularité dans la désignation de l'arbitre unique. Les irrégularités qui pourraient affecter la composition du tribunal arbitral sont nombreuses. Il pourrait s'agir du manquement à la règle de l'imparité, de la désignation d'un arbitre personne morale (même si le RA CCJA ne fait pas expressément obligation de désigner des arbitres personnes physiques. V. cependant l'art. 5 AUA qui pose clairement

- si le tribunal arbitral a statué sans se conformer à la mission qui lui a été confiée[212] ;

- si le principe du contradictoire n'a pas été respecté[213] ;

---

cette obligation) ou d'un arbitre personne physique ne jouissant pas de ses droits civils, qui n'offre pas de garantie d'indépendance et d'impartialité (v. par exemple : CCJA, arrêt n° 001 du 10 janv. 2002, Rec. n° spécial, janv. 2003, p. 16, Ohadata J-02-23, dans lequel l'irrégularité résultait de la désignation par les parties de leurs avocats comme arbitres) ou ne pouvant exercer la fonction d'arbitre en raison d'une incompatibilité professionnelle (le cas d'un membre de la Cour qui serait désigné comme arbitre dans l'arbitrage CCJA). L'irrégularité dans la constitution du tribunal arbitral pourrait aussi résulter de la mise à l'écart sans justification valable de la volonté des parties, du manquement à l'égalité des parties, etc.

[212] Les arbitres sont tenus au respect de la mission qui leur a été confiée par les parties, sous peine de voir leur sentence annulée. Statue, par exemple, en violation de sa mission, le tribunal arbitral qui rend sa sentence en équité alors qu'il ne lui a pas été conféré le pouvoir de statuer en amiable compositeur. V. par exemple, CCJA, Ass. plén., arrêt n° 028/2007 du 19 juil. 2007, Nestlé Sahel c. Scimas, Rec. n° 10, 2007, p. 62 : « Qu'en statuant ainsi, le tribunal a jugé en équité alors que celle-ci, comme moyen de rendre une décision, n'est admise que lorsque l'arbitre a reçu des parties le pouvoir de statuer en amiable compositeur ; que ce faisant, ledit tribunal a violé la mission qui lui avait été conférée comme elle résulte de la clause compromissoire (…) et qui était de statuer selon la loi ivoirienne ; que la violation de la mission étant flagrante, la sentence querellée encourt annulation ». À titre de droit comparé, en droit français de l'arbitrage, le tribunal arbitral ne se conforme pas également à sa mission lorsqu'il a statué *ultra petita* ou a rendu sa sentence alors que le délai d'arbitrage était expiré. C. SERAGLINI et J. ORTSCHEIDT, *Droit de l'arbitrage interne et international*, *op. cit.*, n° 540 et s.

[213] Le principe du contradictoire est intimement lié à la fonction de juger, ce qui justifie qu'il soit érigé au rang de principe directeur du procès arbitral. Il suppose que toutes les parties dans la procédure arbitrale soient mises en possibilité de présenter les éléments de faits et de droit qui militent en faveur de leurs prétentions. V. dans le même sens, CCJA, Ass. plén., arrêt n° 033 du 23 avril 2015, État du Mali c. Groupe Tomota SA, Ohadata J-16-33 : « Mais attendu que le respect du principe du contradictoire suppose que chacune des parties ait été mise

- si la sentence arbitrale est contraire à l'ordre public international[214] ;

---

en mesure de discuter l'énoncé des faits et les moyens juridiques que ses adversaires lui ont opposés ; qu'en l'espèce, il résulte de la sentence contestée que les deux parties au litige ont été mises en état, non seulement de faire connaître tout ce qui est nécessaire au succès de leur demande ou de leur défense, mais aussi d'examiner et de discuter les pièces ainsi que les moyens soumis au tribunal arbitral (...) ».

[214] La sentence arbitrale CCJA doit être conforme à l'ordre public international des États membres de l'OHADA. Même si son contenu dans le détail est généralement laissé à l'appréciation des juges, l'ordre public est généralement envisagé comme un ensemble de normes impératives parce que nécessaires et fondamentales à la société. C'est ce qui justifie que dans toutes les matières du droit, il existe une partie de règles qui relèvent de l'ordre public. Dans l'arbitrage CCJA, l'ordre public international peut être procédural ou substantiel. Pour un cas d'annulation d'une sentence sur le fondement de la violation de l'ordre public substantiel, v. CCJA, Ass. plén., arrêt n° 104 du 15 oct. 2015, État du Bénin c. SCP et Patrice Talon : « Qu'en l'espèce, la sentence arbitrale (...), au lieu de ne se limiter qu'aux condamnations pécuniaires, a déclaré que "le décret n° 2013-485 du 18 nov. 2013 est de nul effet sur la convention de création de la SODECO en date du 10 oct. 2008 et par conséquent, décide que ladite convention n'est pas suspendue du fait de ce décret" ; que ce faisant, cette sentence a contrarié l'ordre public international ; qu'il échet de prononcer son annulation ». Au titre de la violation de l'ordre public procédural, on peut citer CCJA, arrêt n° 03 du 31 janv. 2011, Société *Planor* Afrique SA c., Société Atlantique Télécom SA, Ohadata J-12-136 : « Attendu que Planor Afrique fait grief à la sentence (...) d'être contraire à l'ordre public international en exposant à l'appui de ce grief l'incompatibilité de la sentence avec notamment une décision rendue dans la même cause par la cour d'appel de Ouagadougou (...) ; Attendu qu'en tout état de cause, même si cet arrêt a effectivement fait l'objet d'un pourvoi en cassation (...), il n'en demeurait pas moins au moment du prononcé de la sentence une décision définitive bénéficiant de l'autorité et de la force de chose jugée aussi longtemps qu'il n'est pas annulé ; qu'il s'y ajoute que le pourvoi en cassation qui a été formé contre ledit arrêt (...) a d'ailleurs fait l'objet d'une décision de rejet (...) ; Attendu que l'autorité de la chose jugée, principe fondamental de la justice en ce qu'il assure la sécurité juridique d'une situation acquise, participant de l'ordre public international (...) s'oppose à ce que l'arbitre statue dans

- si la sentence arbitrale est dépourvue de toute motivation[215].

90. Effet. Le recours en annulation a pour effet de suspendre l'exécution de la sentence arbitrale jusqu'à ce que la Cour ait statué. L'effet suspensif est attaché à l'exercice du recours en annulation et non au délai d'exercice de ce recours.

91. Procédure. La procédure du recours en annulation est introduite au moyen d'une requête. Il ne s'agit pourtant pas d'une procédure unilatérale dont la compétence reviendrait au président de la CCJA. La compétence pour connaître du recours en annulation de la sentence appartient à la Cour qui l'exerce dans le cadre d'une procédure contradictoire. Les règles applicables au déroulement de cette procédure sont celles du règlement de procédure de la CCJA. Toutefois, pour des besoins liés à l'exigence de célérité de la justice arbitrale, deux dérogations importantes

---

la même cause opposant les mêmes parties ». Adde CCJA, 3e ch., arrêt n° 068 du 27 févr. 2020, La République du Bénin c. SGS : « Attendu que l'autorité de la chose jugée qui constitue un principe fondamental de la justice, en ce qu'il assure la sécurité d'une situation acquise, participe de l'ordre public international visé à l'article 26.e de l'acte uniforme susvisé ; qu'à ce titre, il s'oppose à ce que l'arbitre statue à nouveau dans la même cause opposant les mêmes parties et ayant le même objet ; qu'en conséquence, la sentence arbitrale partielle qui déclare compétent le tribunal arbitral pour statuer à nouveau sur une demande l'invitant à « constater que le contrat conclu le 05 décembre 2014 par la SGS SA et la République du Bénin est et demeure valable, lie effectivement cette dernière et que celle-ci n'en a pas respecté les termes », porte atteinte à l'ordre public international et doit être annulée ».

[215] Le tribunal arbitral doit motiver sa sentence, peu importe qu'il statue en droit ou en équité. Sont sur cette base sanctionnées, non seulement les sentences qui sont entièrement dépourvues de motivation, mais aussi celles qui comportent une motivation insuffisante, erronée ou une contrariété de motifs. N. AKA, A. FÉNÉON, J.-M. TCHAKOUA, *op. cit.*, p. 259.

sont faites à l'application du règlement de procédure de la CCJA dans la procédure d'annulation. En premier lieu, les délais de procédure issus du règlement de procédure de la CCJA sont réduits de moitié lorsqu'il s'agit d'en faire application à la procédure du recours en annulation de la sentence arbitrale. En second lieu, saisie d'un recours en annulation contre une sentence arbitrale CCJA, la Cour dispose d'un délai maximum de six mois à compter de sa saisine pour rendre sa décision.

92. Issue de la procédure

Lorsqu'après examen la Cour juge le recours en annulation fondé, elle annule la sentence arbitrale déférée à sa censure. Ensuite, si les parties lui en font la demande, elle évoque et statue au fond[216]. Au cas où les parties ne demanderaient pas l'évocation, la procédure est reprise à la requête de la partie la plus diligente à partir le cas échéant, du dernier acte de l'instance arbitrale reconnu valable par la Cour.

b) La tierce opposition

93. Spécificité. Dans l'arbitrage CCJA, la tierce opposition peut être formée contre deux types de décisions de justice : d'une part, les sentences arbitrales rendues par le centre d'arbitrage CCJA ; d'autre part, les arrêts par lesquels la Cour statue sur le fond à la suite de l'annulation d'une sentence arbitrale[217].

94. Droit commun. En ce qui concerne les titulaires du recours en tierce opposition, la procédure applicable, les cas d'ouverture ou même les effets de la tierce opposition, il faut se reporter aux règles générales applicables à la tierce

---

[216] CCJA, arrêt n° 028 du 19 juil. 2007, Nestlé Sahel c. Scimas, *Penant*, n° 867, p. 226, note B. DIALLO.
[217] Art. 33, RA CCJA.

opposition qui sont notamment contenues dans l'article 47 du règlement de procédure de la CCJA[218].

§2- Les attributions de la CCJA dans l'arbitrage de droit commun

95. Nature et énumération. Dans l'arbitrage de droit commun ou traditionnel tel qu'issu de l'acte uniforme, les attributions de la CCJA sont seulement d'ordre juridictionnel et sont tantôt exclusives (A), tantôt partagées (B).

A- Les attributions exclusives

96. Généralités. De manière exclusive, la CCJA connaît de tous les recours en cassation exercés contre les décisions des juridictions nationales rendues en application de l'acte uniforme relatif au droit de l'arbitrage. Ces recours en cassation, même s'ils interviennent dans un contexte particulier, obéissent aux règles applicables à tous les recours en cassation exercés devant la CCJA[219], à moins qu'ils n'y soient expressément dérogé par l'acte uniforme. De la sorte, le recours en cassation en matière d'arbitrage est en principe soumis au droit commun en ce qui concerne les causes, le délai, les titulaires de ce recours, les modes de saisine de la Cour, le pouvoir d'évocation de la CCJA en cas de cassation, etc.

97. Énumération. Les recours en cassation susceptibles d'être exercés devant la CCJA dans l'arbitrage traditionnel sont nombreux et variés. Parmi les situations expressément énumérées par la loi ou alors identifiées dans la jurisprudence, on peut citer : le pourvoi en cassation contre la décision du juge national statuant sur le recours en

---

[218] V. infra n° 177 et s.

[219] En l'occurrence, le droit qui y est applicable émane du règlement de procédure de la CCJA et du traité de l'OHADA.

annulation, le pourvoi en cassation contre la décision du juge national refusant l'exequatur de la sentence arbitrale, le pourvoi en cassation contre les décisions du juge national statuant sur les mesures provisoires, le pourvoi en cassation contre les décisions des juridictions nationales rendues sur leur propre compétence, la décision de la juridiction nationale rejetant une demande de récusation des arbitres[220].

97-1. Pourvoi en cassation contre la décision du juge national statuant sur le recours en annulation. Les sentences arbitrales rendues dans l'arbitrage régi par l'acte uniforme sont susceptibles de contestation devant les juridictions nationales des États parties, au moyen du recours en annulation[221]. Au Cameroun par exemple, d'après la loi n° 2003/009 du 10 juillet 2003 portant désignation et mode de saisine des juridictions visées à l'acte uniforme sur l'arbitrage, c'est la cour d'appel du ressort du lieu de l'arbitrage qui est compétente pour connaître du recours en annulation de la sentence arbitrale[222]. Selon le nouvel acte uniforme relatif au droit de

---

[220] Cette énumération n'est pas limitative. Au regard de l'art. 14 du traité de l'OHADA, ce sont tous les litiges relatifs à l'application de l'AUA et connus par les juridictions nationales qui sont susceptibles de recours en cassation et même pourquoi pas de recours en annulation devant la CCJA juge de cassation et juge des conflits.

[221] Les causes de ce recours en annulation sont les mêmes que celles du recours en annulation contre les sentences arbitrales CCJA. V. supra n° 85 et art. 26 AUA du 23 nov. 2017. Comme pour le recours en annulation des sentences CCJA, les parties à l'arbitrage régi par l'acte uniforme peuvent également convenir de renoncer au recours en annulation, à moins que la sentence arbitrale ne soit contraire à l'ordre public international. V. art. 25, al. 3, AUA et art. 29.2, al. 1, RA CCJA.

[222] V. art. 4 (1) de cette loi. Cette juridiction n'est effectivement compétente dans le cadre du recours en annulation que si le siège du tribunal arbitral ayant rendu la sentence arbitrale se trouve dans l'un des États parties de l'OHADA, conformément à l'art. 1er AUA. V. CCJA, 3e ch., arrêt n° 020 du 6 déc. 2011, *Safic Alcan Commoditeis* c. Complexe chimique camerounais.

l'arbitrage, la juridiction nationale en charge de statuer sur le recours en annulation de la sentence arbitrale doit le faire dans un délai de trois mois à compter de sa saisine[223]. Cet encadrement dans le temps de l'office du juge national est certainement motivé par le souci du législateur OHADA de protéger l'exigence de célérité de la procédure arbitrale. La décision de la juridiction compétente dans l'État partie sur le recours en annulation n'est susceptible que de pourvoi en cassation devant la CCJA[224]. En l'absence de réglementation spécifique sur ce recours, les règles qui y sont applicables sont celles contenues dans le règlement de procédure de la CCJA et dans le traité de l'OHADA[225].

---

[223] Art. 27, al. 2.

[224] Art. 25, al. 4 de l'AUA du 23 nov. 2017. CCJA, 3e ch., arrêt n° 068 du 27 févr. 2020, La République du Bénin c. La Société générale de surveillance SA (SGS) ; CCJA, 1ère ch., arrêt n° 177 du 28 mai 2020, Société africaine des relations commerciales et industrielles (SARCI SARL) c. Société Atlantique-Télécom SA.

[225] V. par exemple : CCJA, 1re ch., arrêt n° 043 du 17 juil. 2008, Dam SARR c. Mutuelle d'Assurances des Taxis compteurs d'Abidjan, dite MATCA ; CCJA, 1ère ch., arrêt n° 044 du 17 juil. 2008, Société africaine de relations commerciales et industrielles, dite SARCI SARL c. Atlantique Télécom SA et Télécel Benin SA. C'est ainsi qu'en application de l'art. 14, al. 4 du Traité, la CCJA se déclare incompétente pour connaître d'un recours en cassation formé contre une sentence arbitrale rendue en application de l'art. 276 du code CIMA : « (…) nonobstant le fait que le siège de la Commission nationale d'Arbitrage et Contentieux divers se trouve au Cameroun, État partie aux traités de l'OHADA et de la CIMA, la sentence arbitrale rendue par elle en application du code CIMA qui constitue un droit communautaire autonome, n'est soumise ni à l'acte uniforme relatif au droit de l'arbitrage ni à un règlement prévu au traité de l'OHADA ; que ce faisant, en cassation, le contentieux y afférent ne relève pas de la Cour de céans (…)». V. CCJA, 2e ch., arrêt n° 195 du 27 juin 2019, Société *Area Assurances* SA c. Société *Proassur* SA. Lorsque le siège du tribunal arbitral se trouve hors de l'espace OHADA, l'AUA n'est pas applicable et par conséquent, la CCJA saisie d'un recours en cassation contre la sentence arbitrale doit se déclarer incompétente. CCJA, 3e ch.,

97-2. Pourvoi en cassation contre la décision du juge national refusant l'exequatur de la sentence arbitrale. Pour passer à l'exécution forcée de la sentence arbitrale, la partie qui a eu gain de cause doit saisir les juridictions nationales pour obtenir une décision d'exequatur. Au Cameroun, le juge compétent dans ce domaine est le président du tribunal de première instance qui rend à cet effet une ordonnance. La décision du juge national qui accorde l'exequatur à la sentence arbitrale n'est susceptible d'aucun recours. En revanche, dans le cas où ce juge refuserait d'accorder l'exequatur, sa décision pourrait faire l'objet d'un pourvoi en cassation devant la CCJA[226]. Comme en matière de pourvoi en cassation contre les décisions des juridictions nationales statuant sur le recours en annulation, le pourvoi en cassation contre la décision du juge national refusant l'exequatur de la sentence arbitrale obéit aux règles prévues par le règlement de procédure de la CCJA et le traité de l'OHADA[227]. La précision à faire en la matière concerne les décisions auxquelles l'exequatur a été refusé. Sont susceptibles de recours en cassation devant la CCJA, les décisions des juridictions nationales refusant l'exequatur aux sentences arbitrales rendues en application de l'acte uniforme relatif au droit de l'arbitrage et non les décisions des juridictions nationales refusant l'exequatur aux décisions des juridictions étatiques étrangères[228].

97-3. Pourvoi en cassation contre les décisions du juge national statuant sur les mesures provisoires. Comme pour l'arbitrage CCJA[229], les tribunaux étatiques

---

arrêt n° 020 du 6 déc. 2011, *SAFIC Alcan Commoditeis* c. Complexe chimique camerounais.

[226] V. art. 32, al. 1 de l'AUA.

[227] N. AKA, A. FÉNÉON et J.-M. TCHAKOUA, *op. cit.*, p. 149.

[228] CCJA, 2e ch., arrêt n° 148 du 30 avril 2020, Société SOPAM c. Bolloré Logistics SA anciennement SAGA France.

[229] V. supra n° 85.

jouissent aussi, dans l'arbitrage régi par l'acte uniforme, du pouvoir d'ordonner des mesures provisoires[230]. Le pouvoir reconnu aux juges étatiques d'ordonner des mesures provisoires connaît une limite importante, à savoir l'interdiction de l'examen du litige au fond pour lequel la compétence exclusive est reconnue au tribunal arbitral[231]. En cas de contestation au sujet des mesures provisoires ordonnées par les juridictions étatiques, la compétence pour connaître du recours en cassation revient à la CCJA.

97-4. Pourvoi en cassation contre les décisions du juge national rendues sur sa propre compétence. En présence d'une convention d'arbitrage, la conséquence qui en résulte est celle de l'incompétence du juge étatique[232]. On parle à ce sujet de l'effet négatif de la convention d'arbitrage qui interdit aux juridictions étatiques de connaître des litiges dont devraient être saisies les juridictions arbitrales[233]. En effet, la convention d'arbitrage opère un transfert de compétence des tribunaux étatiques au

---

[230] Pour un exemple de mesures provisoires ordonnées par les juridictions étatiques alors que le tribunal arbitral n'était pas encore constitué, v. CA Littoral, arrêt n° 60/REF du 24 mars 2008, Henry Same Eyango et autres c. Monkam André, *Revue de droit des affaires OHADA*, n° 4, 2013, pp. 95-96, obs. D. R. SOH FOGNO.

[231] CCJA, 3e ch., arrêt n° 200 du 28 mai 2020, Société ZTE RDC SARL c. Société DHI Telecom DRC SARL : « Mais attendu que l'analyse d'une demande qui implique un examen du litige au fond, pour lequel seul le tribunal arbitral est compétent suite à la clause compromissoire prévue au contrat liant les parties, échappe à la compétence du juge étatique ».

[232] Art. 13, al. 1er, AUA. Pour un cas d'application, v. CA Centre, arrêt n° 535/Civ. du 1er déc. 2010, Mangwa Chuisse Joseph c. Société SAMIRIS SA, Revue de droit des affaires OHADA, n° 4, 2013, pp. 93-95, obs. D. R. SOH FOGNO.

[233] CCJA, 3e ch., arrêt n° 064 du 27 févr. 2020, Société *Accor* Afrique (SAS) et autres c. L'État togolais.

tribunal arbitral[234]. Le principe de l'incompétence du juge étatique en présence d'une convention d'arbitrage est écarté lorsque la procédure arbitrale n'a pas commencé et que la convention d'arbitrage est manifestement nulle ou inapplicable à l'espèce[235]. En pareille circonstance, le juge étatique saisi doit se prononcer sur sa compétence dans un délai maximum de 15 jours et la décision rendue à cette occasion est susceptible d'être attaquée par un recours en cassation devant la CCJA[236].

97-5. Pourvoi en cassation contre la décision du juge national rejetant la demande de récusation. Lorsqu'un arbitre ne remplit pas les conditions d'indépendance et

---

[234] C. SERAGLINI et J. ORTSCHEIDT, *Droit de l'arbitrage interne et international*, *op. cit.*, n° 153.

[235] R. MAFO DIFFO, *Le Juge judiciaire et l'arbitrage dans l'espace OHADA*, Thèse, Université de Dschang, 2016, n°s 104 et s.

[236] N. AKA, A. FÉNÉON et J.-M. TCHAKOUA, *op. cit.*, pp. 90-91. La faculté de contester directement les décisions des juridictions étatiques rendues sur leur propre compétence devant la CCJA est une innovation de l'AUA en date du 23 nov. 2017 ; elle ne saurait donc s'appliquer aux conventions d'arbitrage conclues sous l'empire de l'ancien AUA. V. CCJA, 1er ch., arrêt n° 074 du 12 mars 2020, Société internationale de *Equipos Cientificos* SA c. MG Group Sarl : « Attendu qu'en l'espèce, la décision attaquée a été rendue par un tribunal statuant sur sa compétence ; que si l'article 13 de l'Acte uniforme relatif au droit de l'arbitrage ouvre la voie du pourvoi contre un tel jugement, cette faculté résulte de la révision de cet Acte uniforme survenue le 23 novembre 2017 ; qu'eu égard aux termes de l'article 36 dudit Acte uniforme, c'est l'ancienne rédaction de son article 13 qui s'applique à la présente cause relative à une clause compromissoire prévue dans des contrats signés courant 2014 ; que cet article 13 ancien ne traite pas expressément des voies de recours contre le jugement par lequel un tribunal statue sur une exception d'incompétence fondée sur l'existence d'une convention d'arbitrage ; que cette réalité induit un renvoi implicite au droit interne de chaque État-partie ; qu'en droit tchadien précisément, un tel jugement est susceptible d'appel ; qu'il y a donc lieu pour la Cour de céans de relever d'office que le présent pourvoi est irrecevable et de le déclarer tel ».

d'impartialité, il peut être récusé par l'une des parties à l'arbitrage. La récusation suppose que le tribunal arbitral est constitué et en l'absence de stipulations conventionnelles, la demande de récusation est adressée au tribunal étatique qui doit statuer dans un délai de 30 jours. En cas de rejet de la demande de récusation, la décision de la juridiction nationale est susceptible de recours en cassation devant la CCJA. Quant à la décision acceptant la récusation, elle est soumise au droit commun des voies de recours dans chaque État partie.

B- Les attributions partagées

98. Identification et caractère. Les attributions partagées sont celles que la CCJA exerce avec les juridictions nationales. Elles sont au nombre de deux. Il s'agit du recours en annulation contre la sentence arbitrale (1) et de la récusation des arbitres (2). Ces compétences de la CCJA ont en commun d'être subsidiaires ; elles ne peuvent alors être exercées par la CCJA qu'en cas de défaillance des juridictions nationales.

1- Le recours en annulation contre la sentence arbitrale

99. Innovation de l'AUA. C'est l'une des innovations de l'acte uniforme relatif au droit de l'arbitrage de 2017. Dans l'ancien acte uniforme, la compétence des juridictions nationales sur le recours en annulation apparaissait en réalité comme une compétence exclusive.

Cela étant, la compétence de la CCJA pour connaître du recours en annulation de la sentence arbitrale, n'est envisageable que si le délai accordé à la juridiction nationale pour statuer sur ce recours est expiré. Il s'agit donc d'une compétence subsidiaire et non à titre principal. À l'expiration du délai imparti au juge national pour statuer, celui-ci est dessaisi de plein droit du recours en annulation qui peut alors être porté devant la CCJA dans les 15 jours suivants. Après avoir été saisie, la CCJA doit statuer dans un délai maximum de six mois à compter de sa saisine. Lorsqu'elle a à connaître d'un recours en annulation, les règles de procédure applicables devant la CCJA sont celles de son règlement de procédure. Toutefois, dans le souci de prendre en compte l'exigence de célérité inhérente à la procédure arbitrale, les délais de procédure issus de ce Règlement sont réduits de moitié lorsqu'il faut en faire application à la procédure du recours en annulation.

2- La récusation des arbitres

100. Causes. Après la constitution du tribunal arbitral, les arbitres nommés peuvent être récusés. En l'absence de causes de récusation énumérées par l'acte uniforme relatif au droit de l'arbitrage, il faut certainement se référer aux législations nationales relatives aux causes de récusation des juges étatiques[237] même si, de manière évidente, la disparité probable de ces différentes législations pourrait remettre en cause l'uniformisation du droit recherchée par l'OHADA. Au-delà des causes de récusation expressément admises pour les juges étatiques, il faudrait en plus admettre pour les arbitres que toute autre circonstance mettant en évidence l'absence d'indépendance ou d'impartialité de l'arbitre puisse aussi justifier sa récusation[238].

101. Procédure. La procédure de récusation est librement organisée par les parties à l'arbitrage soit directement dans leur convention d'arbitrage soit indirectement par l'acceptation du règlement d'arbitrage

---

[237] F. ANOUKAHA, « L'obligation d'information de l'arbitre en droit OHADA », *op. cit.*, pp. 92 et s.

[238] N. AKA, A. FÉNÉON et J.-M. TCHAKOUA, *op. cit.*, p. 69 ; F. ANOUKAHA, *ibid.*, pp. 96 et s.

d'une institution d'arbitrage. C'est seulement en l'absence de dispositions à ce sujet dans la convention d'arbitrage ou de règlement d'arbitrage applicable que la procédure de récusation se déroule devant le juge étatique. Ce dernier a un délai de 30 jours pour statuer sur la récusation. Passé ce délai, la juridiction nationale est automatiquement dessaisie de la demande de récusation qui peut alors être portée devant la CCJA par la partie la plus diligente.

Section 3 : Les attributions consultatives de la CCJA

102. Contenu. Dans ses attributions consultatives, la CCJA ne tranche pas de litiges, mais se contente de donner son avis sur des questions relatives à l'interprétation ou à l'application du droit de l'OHADA. Tout comme la fonction contentieuse, la fonction consultative de la CCJA permet également à cette juridiction de réguler et d'orienter l'interprétation et l'application du droit uniforme dans l'ensemble de l'espace OHADA.

103. Caractères et plan. Dans l'exercice de sa fonction consultative, la CCJA peut être saisie par le secrétariat permanent, le conseil des ministres ou les États membres et par les juridictions nationales du fond[239]. Si la consultation de la CCJA par le secrétariat permanent a pour ce dernier un caractère obligatoire (§1), en revanche, la consultation de la CCJA par le conseil des ministres et les États parties revêt pour ces derniers un caractère facultatif (§2).

---

[239] Selon toute vraisemblance, l'énumération des autorités pouvant saisir la CCJA d'une demande d'avis consultatif est limitative. La CCJA juge par exemple, qu'elle ne peut être saisie par les conseils fiscaux pour une demande d'avis consultatif : CCJA, Ass. plén., arrêt n° 002 du 27 sept. 2018.

§1- La consultation obligatoire

104. Moment. La saisine de la CCJA par le secrétariat permanent a lieu au cours de la procédure d'adoption des actes uniformes. Il faut rappeler que l'adoption des actes uniformes par le conseil des ministres se fait en deux phases[240]. Dans la première phase qu'on pourrait qualifier de phase préparatoire, c'est le secrétariat permanent qui joue le rôle de courroie de transmission entre les divers intervenants. C'est ainsi qu'après avoir préparé le projet d'acte uniforme, le secrétariat permanent le transmet aux Gouvernements des États parties qui disposent d'un délai de 90 jours à compter de la réception du projet pour faire parvenir au secrétariat permanent leurs observations écrites. Ce délai peut cependant être prorogé d'une durée équivalente en fonction des circonstances et de la nature du texte à adopter, à la diligence du secrétariat permanent. Ensuite, le projet d'acte uniforme, accompagné des observations des États parties et d'un rapport du secrétariat permanent, est transmis par ce dernier à la CCJA afin que celle-ci émette son avis dans un délai de 60 jours à compter de la date de réception de la demande d'avis. À l'expiration de ce délai, le secrétariat permanent met au point le projet définitif d'acte uniforme dont il propose l'inscription à l'ordre du jour du prochain conseil des ministres. Dans la seconde phase qui est la phase d'adoption proprement dite, le rôle central revient au conseil des ministres. C'est ce dernier en effet qui doit adopter à l'unanimité des représentants des États présents et votant le projet d'acte uniforme. Cette adoption n'est valable que si les deux tiers au moins des États parties sont représentés. Mais

[240] V. art. 7 et 8 du traité de l'OHADA.

l'abstention ne fait pas obstacle à l'adoption des actes uniformes[241].

105. Objet. La loi communautaire a gardé le silence sur l'objet du contrôle exercé par la CCJA au cas où elle serait saisie par le secrétariat permanent. Sur le terrain, on a observé que la demande d'avis du secrétariat permanent permet à la CCJA de se prononcer sur la pertinence des choix législatifs de l'acte uniforme en préparation[242] ou même sur le contenu, la formulation et la cohérence interne du texte en préparation, le soin dans l'écriture du texte, le choix des expressions utilisées, les renvois effectués dans le texte, le respect des règles de grammaire, les ajouts nécessaires, les retraits à effectuer dans le texte, la ponctuation à améliorer, etc.[243] On peut ensuite estimer, au regard du moment où ce contrôle intervient, qu'il pourrait servir à la CCJA de veiller au respect, par l'acte uniforme en préparation, des normes qui lui sont supérieures à savoir,

---

[241] P.-G. POUGOUÉ, *Présentation générale et procédure en OHADA*, *op. cit.*, p. 13.

[242] V. par exemple, CCJA, Ass. plén., avis n° 001 du 17 juin 2015 sur l'adoption de la version révisée de l'AUPCAP, Ohadata J-16-207.

[243] On pourrait utilement consulter à ce sujet : avis n° 01/AU/2002 du 17 déc. 2002 sur le projet d'AU relatif aux contrats de transport de marchandises par route ; avis n° 002/2009/AU du 18 déc. 2009 sur le projet d'AU relatif aux sociétés coopératives ; avis n° 002/2010/AU du 3 août 2010 sur le projet d'AU révisé portant organisation des sûretés. Voici pour illustrer, quelques observations faites par la CCJA dans l'avis du 3 août 2010 : « Dès lors que l'on procède à une énumération après deux points (:), on pourrait omettre la majuscule pour les rubriques énumérées comme aux articles 153, 154 et ce, surtout quand il s'agit des courtes rubriques » ; « Conformément à l'option qui a été prise au cours des travaux préparatoires à Dakar et dans un souci d'harmonisation, il faut supprimer tous les articles précédents les titres des subdivisions du texte. Il en sera ainsi notamment aux chapitres 1 et 2 du titre 1 » ; « Enlever les numéros de certains alinéas qui ne semblent pas se justifier comme aux articles 143, 160, 162 et 175 ».

le traité de l'OHADA et ses éventuelles modifications[244], les accords conclus entre l'OHADA et d'autres organisations internationales[245], des États tiers ou les pays membres de l'OHADA. Compte tenu du contexte de l'OHADA marqué par une multiplicité de législations régionales, on peut encore penser que la saisine de la CCJA par le secrétariat permanent pourrait permettre à cette juridiction de garantir la coexistence harmonieuse entre l'acte uniforme à adopter et les autres législations régionales en vigueur dans l'espace OHADA. Enfin, à partir de l'examen du projet d'acte uniforme, la CCJA pourrait également en profiter pour veiller à la cohérence en cas de besoin, entre ce texte et les actes uniformes en vigueur, mais ne portant pas sur la même matière, les règlements ou même les décisions du conseil des ministres en vigueur.

§2- La consultation facultative

106. Les auteurs. Elle est l'œuvre des États parties, du conseil des ministres (A) et des juridictions nationales du fond (B).

A- La consultation de la CCJA par les États parties et par le conseil des ministres

107. Causes. Les circonstances qui peuvent conduire le conseil des ministres ou les États parties à saisir la CCJA de demandes d'avis consultatifs n'ont pas été précisées par la loi. Les États parties et le conseil des ministres disposent par conséquent dans ce domaine, d'une très grande liberté.

---

244 Il faut rappeler que le traité de l'OHADA signé le 17 octobre 1993 à Port-Louis (Ile Maurice) a déjà fait l'objet d'une modification survenue le 17 oct. 2008 à Québec au Canada.

245 Le cas de l'accord de coopération signé entre l'OHADA et la CEMAC en 2001.

Ainsi, ils peuvent d'abord, comme le secrétariat permanent, saisir la CCJA au cours de la procédure d'adoption d'une loi quelconque (règlements[246] et décisions pour le conseil des ministres ; loi, décrets, etc. pour les États), afin notamment de s'assurer de sa conformité à l'ordre juridique OHADA[247]. Ils peuvent également, en dehors de toute procédure législative ou contentieuse, solliciter un avis de la CCJA afin d'être éclairés sur le sens ou la portée d'une disposition de droit OHADA en vigueur[248].

---

[246] V. par exemple, avis n° 03/2017/AU en date des 5 et 6 octobre 2017 avant l'adoption du RA CCJA du 23 nov. 2017.

[247] Exemple : avis n° 2/99/EP du 13 oct. 1999 dans lequel le Président du Mali voulait savoir si l'article 16 du projet de loi malienne sur l'habitat était compatible ou non avec l'article 39 de l'AUPSRVE.

[248] Exemples : avis n° 002/2000/EP du 26 avril 2000 à la demande du Sénégal sur la portée de l'article 449 de l'AUDSCGIE et sur la possibilité d'instituer un poste de vice-président dans les organes dirigeants des sociétés anonymes de banques et établissements financiers, alors qu'un tel poste n'est pas expressément prévu par l'acte uniforme ; avis n° 001/2001/EP du 30 avril 2001 à la demande de la Côte d'Ivoire sur la portée abrogatoire des actes uniformes sur le droit interne ; avis n° 1/2003/EP du 4 juin 2003 à la demande de la République du Sénégal, Ohadata J-04-69, sur la détermination de la juridiction compétente pour connaître de l'action en résiliation du bail commercial, au sens de l'ancien article 101 de l'AUDCG ; avis n° 001/2012 du 19 mars 2012, à la demande du Burkina Faso sur les effets de la radiation d'une affaire du rôle de la CCJA sur le pourvoi en cassation devant la cour de cassation nationale ; avis n° 002/2015 du 23 juin 2015, à la demande de la République démocratique du Congo (Ohadata J-16-208) sur les conséquences de l'entrée en vigueur de l'AUDSCGIE dans ce pays ; avis n° 03/2015 du 5 nov. 2015, à la demande de la République du Bénin (Ohadata J-16-209) sur les conséquences à tirer de la coexistence de l'acte uniforme portant organisation et harmonisation des comptabilités des entreprises et du système comptable de l'UEMOA ; avis n° 002/2016 du 18 oct. 2016, à la demande du conseil des ministres relatif à l'interprétation des art. 120 et 916 de l'AUDSC et GIE du 30 janv. 2014 ; avis n° 006/2017/AC du 07 nov. 2017, à la demande de la Côte d'Ivoire portant sur deux points : la clarification de la notion de régime spécifique prévue à l'art. 120 de

B- La consultation de la CCJA par les juridictions nationales du fond

108. Objet. La procédure consultative à l'initiative des juridictions nationales du fond vise à « assurer la coordination rapide des façons de juger des tribunaux et cours d'appel et, en même temps, d'exercer une action de prévention de la contestation des jugements qui sont rendus »[249]. Sous cet angle, la procédure consultative, à l'initiative des juridictions nationales du fond, apparaît comme un remède à l'éloignement de la CCJA, dans la mesure où elle pourrait permettre aux parties de faire l'économie d'un recours en cassation. À quoi servirait-il, en effet, de former un recours en cassation devant la CCJA si la juridiction nationale a tranché le litige conformément à l'avis de la CCJA ?[250]

109. Auteurs. La saisine de la CCJA d'une procédure consultative ne peut être faite que par les juridictions nationales du fond. Par conséquent, ni les parties en litige ni[251] les juridictions nationales de cassation[252] ne peuvent saisir la CCJA d'une demande d'avis consultatif. La saisine

---

l'AUDSCGIE ; l'éligibilité ou la non-admission des sociétés coopératives au bénéfice de l'émission d'un emprunt obligataire sur un marché financier.

[249] B. BOUMAKANI « Le juge interne et le droit OHADA », *op. cit.*, p. 145.

[250] Par contre, interrogée par la cour d'appel de N'Djamena afin de se prononcer sur la compétence de la cour suprême nationale du Tchad, la CCJA avait refusé de se prononcer au motif que seule la procédure du recours en annulation était utilisable. V. avis n° 1/2004/JN du 28 janv. 2004, précité.

[251] Les parties en litige peuvent cependant demander au juge de saisir la CCJA d'une demande d'avis consultatif.

[252] La doctrine pense qu'il ne serait pas inconcevable qu'une juridiction nationale de cassation saisisse la CCJA pour l'interroger sur sa compétence au moyen d'une demande d'avis. J. ISSA-SAYEGH et J. LOHOUES-OBLE, *op. cit.*, p. 171, note de bas de page n° 1.

de la CCJA par les juridictions nationales du fond doit cependant se faire en rapport avec un litige dont elles ont à connaître[253]. Aussi, lorsque la juridiction nationale dont émane la demande d'avis est dessaisie de l'affaire parce qu'elle a déjà rendu sa décision par jugement réputé contradictoire qui a été frappé d'appel, il n'y a pas lieu à avis[254].

---

[253] La CCJA a déjà rendu deux avis à la demande des juridictions nationales. Il s'agit de l'avis n° 001/99/JN du 7 juil. 1999, rendu à la demande du président du tribunal judiciaire de première instance de Libreville (Gabon), ohada.com, Ohadata J-02-01 et de l'avis n° 1/2004/JN du 28 janv. 2004 rendu à la demande de la cour d'appel de N'Djamena, ohada.com, Ohadata J-05-277.

[254] CCJA, avis n° 01/2006/JN du 17 oct. 2006, RJ CCJA, n° 11, 2008, p. 129, Ohadata J-10-12. La demande d'avis émanait du président du tribunal de commerce de Brazzaville en République du Congo.

CHAPITRE 3 :

LA PROCÉDURE DEVANT LA CCJA

110. Généralités. La procédure devant la CCJA laisse apparaître trois idées majeures. Premièrement, on a affaire à une législation incomplète en matière contentieuse. S'il existe une réglementation du recours en cassation, une réglementation du recours en annulation en revanche, lorsque la CCJA agit comme juridiction internationale, les règles de procédure sont quasiment inexistantes. C'est ce qui justifie l'exclusion dans les développements à suivre de la procédure devant la CCJA juridiction internationale. Deuxièmement, des évolutions non négligeables sont intervenues dans la procédure devant la CCJA. Parmi les plus importantes, on peut citer la mise en place des cas d'ouverture du recours en cassation ou encore l'institution d'une langue de procédure qui fait suite à la modification de l'article 42 du traité sur les langues de travail de l'OHADA. Troisièmement, en dépit de ces évolutions, la procédure devant la CCJA reste dominée par l'idée de stabilité. Les règles fondamentales qui gouvernent la procédure devant cette juridiction sont restées globalement les mêmes.

111. Fondement législatif. La procédure devant la CCJA est essentiellement réglementée par le règlement de procédure de la CCJA auquel il faut ajouter le traité de l'OHADA (titre III principalement) et le règlement intérieur de la Cour en matières contentieuse et consultative. Ce règlement de procédure distingue d'une part, la procédure contentieuse (section 1) et d'autre part, la procédure consultative (section 2) devant la CCJA.

Section 1 : La procédure contentieuse devant la CCJA

112. Plan. La procédure contentieuse devant la CCJA regroupe les règles relatives à l'introduction de l'instance (§1), au déroulement de l'instance (§2) et au dénouement de l'instance (§3).

§1- L'introduction de l'instance

113. Distinction. Les règles qui gouvernent l'introduction de l'instance devant la CCJA varient selon qu'il s'agit de saisir la CCJA juridiction de cassation (A) ou la CCJA juridiction des conflits (B).

A- L'introduction de l'instance devant la CCJA juridiction de cassation

114. Division. L'introduction du recours en cassation devant la CCJA vise la saisine de cette juridiction. Avant d'envisager les effets qu'une telle saisine produit (2), il convient au préalable de préciser les exigences qui conditionnent la recevabilité du recours en cassation devant la CCJA (1).

1- Les conditions de recevabilité du recours en cassation

115. Plan. Pour être recevable, le recours en cassation devant la CCJA doit satisfaire plusieurs conditions. Celles-ci concernent les titulaires du recours (a), le délai d'exercice (b), les causes du recours (c) et les mentions et pièces à produire dans le recours (d).

a) Les titulaires du recours en cassation devant la CCJA

116. Parties à l'instance devant les juges nationaux du fond. La CCJA peut être saisie d'un recours en cassation par l'une des parties à l'instance qui a donné lieu à la décision attaquée. Il s'agira tout naturellement de la partie ayant succombé, car pour la CCJA, est irrecevable, faute d'intérêt pour agir, le recours en cassation formé contre une décision ayant fait droit à toutes les demandes et conclusions du requérant[255]. Sont en revanche privées du droit de saisir la CCJA d'un recours en cassation, les personnes qui sont restées tierces à l'instance devant les juridictions nationales[256].

117. Juridictions nationales de cassation. La saisine de la CCJA d'un recours en cassation peut également être l'œuvre des juridictions nationales de cassation. Ce second mode de saisine de la CCJA, juge de cassation, doit cependant être bien compris. Prévue à l'article 15 du traité OHADA, la saisine de la CCJA juridiction de cassation par les juridictions nationales de cassation suppose au préalable une décision de la CCJA, juridiction des conflits et qui reconnaît compétence à la CCJA juridiction de cassation pour connaître de l'affaire. Si le renvoi de la juridiction nationale de cassation avait comme conséquence la saisine directe de la CCJA, juridiction de cassation, ce ne serait plus celle-ci qui serait la juridiction des conflits, mais bien les cours suprêmes nationales. En définitive, bien que le recours en cassation formé devant une cour suprême nationale ait été renvoyé devant la CCJA, la CCJA

---

[255] CCJA, arrêt n° 17 du 26 avril 2007, Ayants droit de Bamba Fetigué, Akouany Paul c. État de Côte d'Ivoire, Rec., n° 9, 2007, pp. 8-9.

[256] CCJA, arrêt n° 064 du 31 oct. 2013, Société *Access Bank* Côte d'Ivoire c. Kakou Lydie Patricia et Société Warid télécom Côte d'Ivoire.

juridiction de cassation n'en est véritablement saisie que si sa compétence dans ce litige est affirmée par la CCJA juge des conflits.

b) Les causes du recours en cassation devant la CCJA

118. Fin d'une anomalie. Dans sa rédaction initiale, le règlement de procédure de la CCJA n'avait pas prévu de cas d'ouverture du recours en cassation devant cette juridiction. Cette situation était assez paradoxale dans la mesure où, saisie d'un recours en cassation, la CCJA l'est en qualité de juge du droit[257]. C'est pourquoi elle déclare irrecevables les pourvois fondés sur un moyen de pur fait[258], les pourvois fondés sur un moyen « vague et imprécis et [qui] ne vise aucun texte qui aurait été violé ou faussement appliqué »[259] ou encore les pourvois fondés sur un moyen nouveau, mélangé de faits et de droit[260]. La CCJA en tant que

---

[257] Cette situation était ensuite génératrice d'inconvénients dans la mesure où, pour y remédier, deux solutions qui sont loin d'être satisfaisantes pouvaient être envisagées par la CCJA. Soit elle faisait usage des cas d'ouverture du recours en vigueur devant les juridictions nationales, auquel cas on pouvait craindre une rupture d'égalité entre les justiciables à cause des différences éventuelles dans les cas d'ouverture à cassation applicables dans chaque pays. Soit la CCJA énumérait elle-même au fil de sa jurisprudence les cas d'ouverture du recours applicables devant sa juridiction, auquel cas l'inconvénient qui en aurait résulté aurait été le temps suffisamment long que pareille opération nécessite.

[258] CCJA, ord. n° 002 du 26 avril 2000, Samba Sow c. Petroca

[259] CCJA, arrêt n° 005 du 8 janvier 2004, Ogunbekun Ibuku Oluwa c. SCI Colibris. Adde CCJA, arrêt n° 007 du 15 mars 2007, Niavas Albéric et Asperti Lorensiva épouse Niavas c. SGBCI, Rec., n° 9, janv.-juin 2007, pp. 24 et s.

[260] CCJA, arrêt n° 32 du 4 novembre 2004, Société EBURNEA c. Compagnie d'assurance *les Tisserins* SATCA, *Penant*, n °854, 2006, pp. 98-113, notes Bakary DIALLO et Alex-François TJOUEN ; CCJA, arrêt n° 042 du 7 juil. 2005, Etienne Konan Bally Kouakou c. Hussein Nassar, Ali Gaddar, ohada.com, Ohadata J-06-31 ; CCJA, arrêt n° 021

juridiction de droit au moment où elle est saisie d'un recours en cassation, il était par conséquent nécessaire que soient précisés devant elle les cas d'ouverture à cassation. C'est ce qui a été fait dans l'article 28 bis nouveau du règlement de procédure de la CCJA qui énumère les cas d'ouverture du recours en cassation[261].

i) La violation de la loi

119. Hypothèses de violation de la loi. Comme cas d'ouverture du recours en cassation, la violation de la loi recouvre trois situations : la violation de la loi par fausse interprétation de la loi, la violation de la loi par fausse qualification des faits et la violation de la loi par fausse application ou refus d'application de la loi[262]. Quant à la loi dont la violation est sanctionnée dans le recours en cassation devant la CCJA, elle intègre premièrement et dans une large mesure, les actes uniformes. Sont ensuite sanctionnées par la CCJA, mais dans une moindre mesure, les violations du traité, des règlements et des décisions de l'OHADA. Dans différentes décisions, même si cela pourrait être discuté, la CCJA intègre aussi dans les lois

---

du 31 mai 2007, Madame Amani Yao née Kassi Marie Louise c. Société de Promotion commerciale et immobilière, dite SOPROCIM SARL, Rec., n° 9, janv.-juin 2007, pp. 44 et s. ; CCJA, 1re ch., arrêt n° 081 du 9 avril 2020, Soki Bingi Charline c. La Société des grands hôtels du Congo SA.

261 Conformément à l'art. 28 ter RP CCJA, « A peine d'irrecevabilité, un moyen de cassation ou un élément de moyen de cassation doit mettre en œuvre au moins un des cas d'ouverture [du recours en cassation] ». Pour un exemple d'application, v. CCJA, 1re ch., arrêt n° 184 du 28 mai 2020, Kanyinda Nkuadi Djems c. Société *Vodacom* Congo RDC SA.

262 M.-N. JOBARD-BACHELLIER et X. BACHELLIER, *La Technique de cassation Pourvois et arrêts en matière civile*, Paris, Dalloz, 5e éd., 2003, pp. 127 et s. V. par exemple, CCJA, 2e ch., arrêt n° 006 du 11 janv. 2018, Société *United bank for Africa* (UBA) SA c. Société Axe communication SARL.

dont elle contrôle la bonne application les droits nationaux, lorsque notamment ils sont invoqués dans un recours en cassation qui met également en cause le droit OHADA[263].

ii) L'incompétence et l'excès de pouvoir

120. L'incompétence. L'incompétence dont il s'agit c'est l'incompétence de la juridiction dont émane la décision attaquée devant la CCJA. Il peut aussi s'agir d'une décision de confirmation d'une décision elle-même rendue par une juridiction incompétente[264]. L'incompétence peut être matérielle et/ou territoriale.

Devant les juridictions nationales de cassation en matière judiciaire, il est généralement admis que l'incompétence comme cas d'ouverture du recours en cassation ne peut être soulevée pour la première fois devant ces juridictions[265]. Une telle limitation à la mise en œuvre de l'exception d'incompétence n'existe pas devant la CCJA. En conséquence, dans le procès en cassation devant la CCJA, les parties en litige sont autorisées à soulever pour la première fois l'incompétence de la juridiction dont émane la décision attaquée.

---

[263] V. supra chap. 2.

[264] CCJA, 2e ch., arrêt n° 22 du 30 janv. 2020, SNI c. Brethes Jean Yves.

[265] V. par exemple au Cameroun, A. MBARGA, *Procédure civile camerounaise*, éd. Primalex, 2012, n° 460. Lorsque la violation touche aux règles de compétence matérielle, elle peut être soulevée d'office par la cour suprême en raison du caractère d'ordre public de ces règles. C.S., arrêt n° 126/CC du 2 juin 1983, Eyong Madeleine c. Mindili Benjamin, RCD, 1983, p. 84 : « Les règles de compétence matérielle étant d'ordre public, elles doivent être soulevées d'office, et ce même pour la première fois devant la cour suprême ». À titre de droit comparé en France, v. G. COUCHEZ et X. LAGARDE, *Procédure civile*, Paris, Dalloz, 17e éd., 2014, p. 484 ; S. GUINCHARD, F. FERRAND et C. CHAINAIS, *Procédure civile*, Paris, Dalloz, coll. Hypercours, 5e éd., 2017, n° 1403.

Bien que largement ouverte, l'incompétence comme cas d'ouverture du recours en cassation devant la CCJA devrait cependant rester extrêmement marginale. La compétence des juridictions nationales dans le contentieux OHADA est presque entièrement issue des législations nationales dont le contrôle de l'application relève, au niveau suprême, des juridictions nationales de cassation. Dans les domaines où l'OHADA n'a pas procédé à l'unification des règles de compétences des juridictions nationales, il est donc inconcevable qu'au niveau du recours en cassation, la CCJA soit saisie pour les cas d'incompétence, car son rôle n'est pas de contrôler l'application des droits nationaux.

121. L'excès de pouvoir. Devant les juridictions suprêmes nationales en matière judiciaire, il y a excès de pouvoir lorsqu'une juridiction inférieure de l'ordre judiciaire a agi en dehors de ses attributions juridictionnelles, n'a pas fait œuvre juridictionnelle[266].

L'excès de pouvoir du juge peut être positif ou négatif. Dans la première hypothèse, le juge s'arroge des pouvoirs que la loi ne lui reconnaît pas. C'est l'exemple lorsque le juge empiète sur les attributions du pouvoir législatif ou du pouvoir exécutif, méconnaît le pouvoir de juger des arbitres, porte atteinte à des principes fondamentaux de la procédure, etc.[267]Dans la seconde hypothèse, le juge refuse de faire ce qu'il est en droit ou dans l'obligation de faire.

En consacrant l'excès de pouvoir comme cas d'ouverture du recours en cassation devant la CCJA, la véritable question est celle de savoir si tous les cas d'excès de pouvoir susceptibles de prendre corps dans les litiges relatifs à l'application du droit OHADA pourraient être de la compétence de cette juridiction. Difficile de répondre par l'affirmative à cette interrogation. En réalité, comme pour

---

[266] M.-N. JOBARD-BACHELLIER et X. BACHELLIER, *ibid.*, p. 119.
[267] S. GUINCHARD, F. FERRAND et C. CHAINAIS, *op. cit.*, n° 1402.

l'incompétence, l'excès de pouvoir comme cas d'ouverture du recours en cassation devant la CCJA devrait rester marginal. La raison en est que l'étendue du pouvoir de juger des juridictions nationales inférieures en matière judiciaire est presque exclusivement déterminée par les législations nationales. Comme conséquence, les recours en cassation dans ce domaine devraient majoritairement être dirigés devant les cours suprêmes nationales.

iii) La violation des formes prescrites par la loi

122. Contenu. L'article 28 du règlement de procédure de la CCJA évoque plus précisément les formes prescrites à peine de nullité. Devant les cours suprêmes nationales où ce cas d'ouverture du recours en cassation existe aussi, il sert à sanctionner les cas de violation des formes soit dans les actes de procédure soit dans les jugements[268]. En droit OHADA, les formes prescrites à peine de nullité sont surtout observables à propos des actes de procédure, même si elles ne sont pas à exclure en ce qui concerne les jugements. C'est le cas pour certaines significations de jugements[269], certaines mises en demeure[270], etc.

iv) Le défaut, l'insuffisance ou la contrariété des motifs

123. Défaut et contrariété des motifs. Les jugements doivent être motivés[271]. Le défaut de motifs sanctionne donc la violation d'une règle de forme applicable aux jugements. Il y a défaut de motifs lorsque la décision rendue ne contient aucune justification en droit et en fait. On assimile au défaut

---

[268] A. MBARGA, *op. cit.*, n° 461.

[269] Art. 8, AUPSRVE.

[270] Art. 133, al. 3, AUDCG.

[271] V. par exemple au Cameroun, l'art. 7 de la loi n° 2006/015 du 29 déc. 2006 portant organisation judiciaire : « Toute décision judiciaire est motivée en fait et en droit. L'inobservation de la présente disposition entraîne la nullité d'ordre public de la décision ».

de motifs, les motifs dubitatifs et hypothétiques, le motif d'ordre général, le défaut de réponse à conclusions[272] ou même la contrariété des motifs[273].

La contrariété des motifs[274] existe lorsqu'il y a contradiction sur les faits relatés dans la décision et non entre deux motifs de droit ni même entre une constatation de fait et une conséquence juridique. À la contrariété des motifs, on assimile la contradiction entre les motifs et le dispositif de la décision[275].

124. Insuffisance des motifs ou manque de base légale. Les jugements sont insuffisamment motivés (et on parle alors de manque ou de défaut de base légale) lorsqu'ils comportent des motifs incomplets ou imprécis[276]. Si dans le défaut de motifs, la motivation de la décision est inexistante dans le manque de base légale, la décision est certes motivée, mais cette motivation ne permet pas de faire le lien

---

[272] Le défaut de réponse à conclusions qui correspond à « l'omission ou le refus de répondre à des chefs de demandes » de l'art. 28 bis RP CCJA. V. par exemple : CCJA, 1re ch., arrêt n° 070 du 12 mars 2020, Société Atlantique Télécom Centrafrique (Moov RCA) c. Société système application électroniques (SAE) ; CCJA, 1re ch., arrêt n° 119 du 9 avril 2020, Yattara Fodé c. Aly B. Soufane.

[273] S. GUINCHARD, F. FERRAND et C. CHAINAIS, *op. cit.*, n° 1406.

[274] V. par exemple, CCJA, 1er ch., arrêt n° 172 du 28 mai 2020, Banque internationale pour le Commerce et l'Industrie du Gabon c. Société Mistral Voyages SA.

[275] M.-N. JOBARD-BACHELLIER et X. BACHELLIER, *op. cit.*, pp. 155 et s.

[276] CCJA, 3e ch., arrêt n° 036 du 31 janv. 2019, Banque nationale d'Investissement (BNI) c. Société internationale Malo et autres ; CCJA, 2e ch., arrêt n° 185 du 28 mai 2020, Projet Cerco Bénin c. Assanatou Boureima Sanya : « Attendu qu'en ignorant complètement les statuts de la société et en faisant droit à la demande introduite par Madame Assanatou Boureima SANYA, sur la base d'une simple attestation du versement du capital dressée par un notaire, sans au préalable vérifier si ladite attestation contient les indications prévues à l'article 314 précité, la cour d'appel n'a pas donné de base légale à sa décision ».

entre les constatations de fait et la règle de droit applicable. Il en découle pour la juridiction suprême une impossibilité d'exercer son contrôle sur la rectitude juridique de la décision rendue[277].

v) La dénaturation des faits de la cause ou des pièces de la procédure

125. Signification, contraintes dans la mise en œuvre. Dénaturer signifie changer la nature ou le sens d'une chose ou encore porter atteinte aux éléments caractéristiques ou aux composantes qui la définissent et font son individualité. Juridiction de droit, notamment au moment où elle est saisie du recours en cassation[278], la CCJA ne connaît pas en cette circonstance des faits qui, par principe, relèvent de l'appréciation souveraine des juges du fond. Bien que formulé par l'article 28 du règlement de procédure de la CCJA comme cas d'ouverture à cassation, la dénaturation des faits ou des pièces de la procédure nécessite en aval un travail de la CCJA pour en limiter le champ d'application. Au risque de dénaturer la CCJA elle-même, on ne saurait admettre de manière générale que toute sorte de recours portant sur la matérialité des faits soit admise devant sa juridiction. C'est ainsi que pour la CCJA, la dénaturation des faits de la cause ou des pièces de la procédure s'applique en cas de méconnaissance ou d'interprétation par les juges du fond des termes clairs et précis d'un document écrit invoqué comme élément de preuve[279]. À

---

[277] D. FOUSSARD, « Manque de base légale et création de la règle », Nicolas Molfessis (dir.), *La Cour de cassation et l'élaboration du droit*, Paris, Economica, 2004, pp. 69 et s.

[278] S.-P. LEVOA AWONA, Thèse, *op. cit.*, n° 91.

[279] 1re ch., arrêt n° 008 du 24 janv. 2019, Koundo Vlavo c. Société *Puma Energy Distribution* Bénin Sau (PED) SA et État du Bénin : « Attendu qu'il résulte de tout ce qui précède que l'arrêt attaqué a effectivement dénaturé tant les faits de la cause que les pièces de la procédure, en ce que les juges d'appel ont altéré le sens clair et précis d'un acte versé au

cette première hypothèse, il faut certainement en ajouter une autre, tirée de l'expérience du droit français et qui résulte de la mauvaise interprétation d'une clause obscure ou ambiguë d'un acte juridique[280].

vi) La perte de fondement juridique

126. Hypothèses. Une décision de justice perd son fondement juridique lorsque l'élément de droit qui lui servait de base et qui existait au moment où elle avait été rendue, disparaît par la suite. La perte de fondement juridique d'une décision de justice peut être le résultat de l'adoption d'une nouvelle loi. L'exemple classique qu'on donne souvent est l'entrée en vigueur d'une loi nouvelle rétroactive et applicable aux instances pendantes devant la juridiction suprême. En pareille circonstance, il est évident que l'application de la loi nouvelle aux décisions rendues par les juridictions nationales du fond pourrait priver celles-ci de leur fondement juridique. La perte de fondement juridique peut aussi être le résultat de l'annulation de l'acte juridique qui servait de fondement à la décision attaquée. C'est ainsi que la CCJA affirme qu'il y a perte de fondement juridique lorsque le jugement qui servait de fondement juridique à l'arrêt attaqué a été infirmé par elle dans un arrêt lequel, en vertu de l'article 20 du Traité,

---

dossier et soumis à leur appréciation (…) ». CCJA, 3e ch., arrêt n° 028 du 30 janv. 2020, Kafack Bowen Léopold c. Succession Pelami Luc : « Mais attendu que le grief de dénaturation des pièces n'est retenu que si le juge du fond a, pour se prononcer, fait d'un écrit une lecture contraire aux termes clairs et concis qu'il contient ». CCJA, 1re ch., arrêt n° 082 du 9 avril 2020, La Société *Damco-Logistics* Mali SA c. La Société d'Exploitation cotonnière Olam (SECO-SA).

280 M.-N. JOBARD-BACHELLIER et X. BACHELLIER, *ibid.*, pp. 170-172.

s'impose à l'ensemble des juridictions nationales des pays membres de l'OHADA[281].

127. Condition de mise en œuvre. Pour qu'elle puisse éventuellement déboucher sur un recours en cassation devant la CCJA, il faut que la décision dont le fondement juridique a disparu ne soit pas déjà passée en force de chose jugée. Si en effet, cette décision est devenue irrévocable, la force de vérité légale qui lui est attachée s'oppose à ce qu'un recours en cassation soit exercé contre elle[282].

vii) Le fait de statuer sur une chose non demandée ou d'attribuer une chose au-delà de ce qui a été demandé

128. Hypothèses. La formule employée par le législateur renvoie à deux situations : celle où le juge a statué *extra petita* (donc sur une chose non demandée) et celle où il a statué *ultra petita* (attribuer une chose au-delà de ce qui a été demandé)[283].

c) Le délai du recours en cassation devant la CCJA

129. Durée, champ d'application, computation et sanction. Aux termes de l'article 28.1 du règlement de procédure de la CCJA, le recours en cassation est présenté

---

[281] CCJA, arrêt n° 221 du 14 déc. 2017, Société *Ciments* de Guinée SA c. Mohamed Lamine Souaré. Adde CCJA, 1er ch., arrêt n° 259 du 7 nov. 2019, Compagnie minière de l'Ogooué (COMILOG) SA c. Ntchoreret Ongonwou Robert. Dans cette affaire, la perte de fondement juridique faisait suite à la cassation de l'arrêt de la cour d'appel attaqué par la cour de cassation du Gabon. CCJA, 1re ch., arrêt n° 278 du 28 nov. 2019, Société Fokoto *Auto Technic Diffusion* (ATD) SA c. Société Générale Cameroun SA (SGC) et autres. En l'espèce, la perte de fondement juridique découle du désistement à la demande d'arbitrage ayant donné naissance à l'ordonnance querellée.

[282] S. GUINCHARD, F. FERRAND et C. CHAINAIS, *op. cit.*, n° 1410.

[283] CCJA, 1re ch., arrêt n° 054 du 14 mars 2019, Souley Adamou Galadima et Ouattara Saratou Traoré c. Chaïbou Maïga.

au greffe de la Cour par l'avocat du requérant dans les deux mois de la signification ou de la notification[284] de la décision attaquée[285]. Ce délai, comme tous les délais de procédure applicables devant la CCJA, est susceptible d'augmentation en raison de la distance[286]. Le délai de deux mois est applicable, quel que soit le mode de saisine de la CCJA, directement par une partie en litige et même sur renvoi d'une juridiction nationale de cassation[287]. Mais, en ce qui concerne le point de départ de ce délai, il est différent lorsque le recours en cassation fait suite à un arrêt d'annulation de la CCJA. L'article 52-4 du règlement de procédure de la CCJA dispose en pareille hypothèse que le recours est formé dans les deux mois qui suivent la signification de l'arrêt d'annulation.

Au regard des règles de computation des délais telles qu'elles figurent à l'article 25 du règlement de procédure de la CCJA, on constate que même si le point de départ de ce délai se situe au jour de la signification de la décision

---

[284] Le délai d'exercice du recours en cassation devant la CCJA ne court effectivement que lorsque la décision attaquée a été notifiée ou signifiée au requérant et non de la simple connaissance de la décision attaquée par le requérant. CCJA, 3e ch., arrêt n° 063 du 27 févr. 2020, Société Générale Burkina Faso c. Société *Copiafax* Burkina : « Mais attendu qu'il est constant en l'espèce, que la décision attaquée n'a jamais été signifiée ou notifiée à la requérante au sens de l'article 28 alinéa 1 du règlement de procédure ; qu'ainsi, la simple connaissance que cette dernière a pu avoir de l'ordonnance attaquée ne saurait suppléer cette carence et faire courir le délai du recours à son encontre ».

[285] Le délai d'exercice du recours en cassation devant la juridiction nationale de cassation n'est pas applicable devant la CCJA. V. CCJA, arrêt n° 005 du 8 janv. 2004, Ogunbekun Ibuku Oluwa c. SCI Colibris, *in* F. ONANA ETOUNDI et J. M. MBOCK BIUMLA, *OHADA Cinq ans de jurisprudence commentée de la CCJA de l'OHADA (1999-2004),* Yaoundé, Ama-cenc, 2005, pp. 75-77.

[286] Pour plus de détails, v. infra n° 155-4.

[287] V. CCJA, arrêt n° 004 du 1er fév. 2007, Mambo Serges Henri Séraphin c. Société SAGA-CI, RJ CCJA, n° 9, janv.-juin 2007, pp. 5-7.

attaquée, ce délai commence en réalité à courir le lendemain de cette signification[288]. Ensuite, ce délai étant exprimé en mois, il expire le lendemain du jour du dernier mois qui porte le même quantième que le jour de la signification. Exceptionnellement, si ce délai expire un samedi, un dimanche ou un jour férié légal dans le pays où le recours doit être exercé (c'est-à-dire en Côte d'Ivoire), il est prorogé jusqu'au premier jour ouvrable suivant[289].

La sanction de la violation du délai d'exercice du recours en cassation devant la CCJA est la forclusion[290]. Le recours exercé hors délai est déclaré irrecevable[291]. En la matière, il n'existe pour le requérant forclos aucune possibilité de rattrapage[292] ; même si son recours était fondé sur une

[288] CCJA, arrêt n° du 8 déc. 2011, Mme Saad épouse Adel El Ali c. Monsieur Ale Amonssan Charles.

[289] CCJA, 1re ch., arrêt n° 069 du 12 mars 2020, Société *Namenco* et Monsieur Moto Matiko Mabanga c. *Vodacom international limited* (VIL) et autres : « Attendu qu'en l'espèce, l'arrêt attaqué ayant été signifié le 04 avril 2017, le délai de deux mois et 21 jours court du 05 avril au 26 juin 2017 ; que cependant, la date du 26 juin 2017 ayant été un jour férié en Côte d'Ivoire comme correspondant au lendemain de la fête de ramadan tombée sur un dimanche, l'expiration du délai doit alors être prorogée au mardi 27 juin 2017, date à laquelle la requête de pourvoi a été déposée au greffe de la cour de céans ».

[290] CCJA, 1re ch., arrêt n° 167 du 14 mai 2020, Société *Ecobank* Burkina c. Société *Ciments de l'Afrique Burkina-Faso* (CIMAF).

[291] V. par exemple : CCJA, arrêt n° 005 du 11 oct. 2001, La Scierie d'Agnibilekrou Wahab Nouhab et Wahab Nouhab c. Hassan Sahly ; CCJA, arrêt n° 002 du 8 janv. 2004, Société *Ansari Trading Company* Ltd c. Société commerciale de banque Crédit lyonnais Cameroun S.A., *in* F. ONANA ETOUNDI et J. M. MBOCK BIUMLA, *op. cit.*, pp. 60-62 et 78-82 ; CCJA, 1er ch., arrêt n° 136 du 30 avril 2020, Banque sahélo-saharienne pour l'investissement et le commerce/Tchad c. Société des Produits pétroliers (SPP).

[292] Peu importe que le requérant ait d'abord à tort saisi la cour suprême nationale de son recours en cassation. CCJA, arrêt n° 002 du 8 janv. 2004, Société *Ansari Trading Company* Ltd c. Société commerciale de Banque crédit lyonnais Cameroun S.A. ; CCJA, 1er ch.,

violation grave et manifeste du droit OHADA, il est déchu de son droit d'exercer le recours[293]. La Cour peut d'ailleurs à tout moment rejeter par voie d'ordonnance motivée, tout recours manifestement irrecevable, parce qu'exercé hors délai[294]. Elle peut également le faire à la demande de l'une des parties en litige (en général le défendeur), à condition que cette dernière ait soulevé l'irrecevabilité du recours formé hors délai dans le délai à lui fixé pour le dépôt de la première pièce de procédure[295].

d) Les mentions exigées et les pièces à produire dans le recours en cassation devant la CCJA

130. Mentions. Pour être recevable, le recours en cassation devant la CCJA doit contenir un certain nombre de mentions. Il s'agit des noms et domiciles du requérant, d'autres parties à la procédure devant la juridiction nationale et de leur avocat. Le recours doit aussi contenir la date à laquelle la décision attaquée a été signifiée au requérant, les conclusions du requérant et les moyens invoqués à leur appui, avec l'indication des actes uniformes ou des règlements dont l'application dans l'affaire justifie la saisine de la Cour[296]. En cas d'élection de domicile au lieu où la Cour a son siège, le recours en cassation comporte

---

arrêt n° 034 du 13 févr. 2020, Société Hygiène et Salubrité du Cameroun c. Société africaine de distribution et de promotion industrielle.

293 P. J.-B. BAKO, « L'accès à la cour commune de justice et d'arbitrage de l'OHADA en matière contentieuse », *Petites affiches*, n° 192, 25 sept. 2015, p. 76.

294 Art. 32.2, RP CCJA.

295 Art. 32.1, RP CCJA.

296 CCJA, 1re ch., arrêt n° 021 du 24 janv. 2019, Société *World connection* Sarl c. Banque centrale du Congo et République démocratique du Congo.

l'indication du nom de la personne qui a consenti à recevoir toutes significations[297].

131. Pièces à produire. Pour être recevable, le requérant doit également joindre à son recours certaines pièces. Il s'agit d'abord de la décision de la juridiction nationale qui fait l'objet du recours et qui doit être annexée à ce dernier. De plus, si le requérant est une personne morale de droit privé, il doit joindre à son recours d'une part, ses statuts ou un extrait récent du registre du commerce ou toute autre preuve de son existence juridique, et d'autre part, la preuve que le mandat donné à l'avocat a été régulièrement établi par un représentant qualifié à cet effet.

132. Sanction. Lorsque le recours en cassation devant la CCJA ne comporte pas les mentions et pièces exigées par la loi, le juge rapporteur[298] fixe au requérant un délai aux fins de régularisation du recours. À l'expiration de ce délai et à défaut de régularisation du recours, il revient à la Cour de décider de la recevabilité du recours irrégulier[299]. Il peut

---

[297] Art. 28, RP CCJA. C'est depuis la modification du RP CCJA en 2014 que l'élection de domicile au siège de la Cour, c'est-à-dire à Abidjan, n'est plus obligatoire.

[298] Avant la modification du RP CCJA en 2014, c'est au greffier en chef de la CCJA qu'était dévolue cette attribution.

[299] Art. 32-2, RP CCJA. En général, à défaut de régularisation du recours, la Cour déclare le recours irrégulier irrecevable. V. par exemple : CCJA, arrêt n° 4 du 11 oct. 2001, BICIG c. ENGATRANS ; CCJA, arrêt n° 6 du 11 oct. 2001, S.A. Aminou et Cie et MAB c. CCEI Bank, ohada.com, Ohadata J-02-09 ; CCJA, arrêt n° 3 du 8 janv. 2004, Société *INNOVEST* Industrie Congo SA c. Société *Man faitai*, ohada.com, Ohadata J-04-87 ; CCJA, 1re ch., arrêt n° 22 du 31 mars 2005, Total Tchad c. Tchari Soumaine, ohada.com, Ohadata J-05-374 ; CCJA, arrêt n° 5 du 10 janv. 2002, Société commerciale et industrielle du Cameroun (SOCINCAM) c. Société Pierson Meunier Cameroun, ohada.com, Ohadata J-03-119 ; CCJA, arrêt n° 31 du 22 nov. 2007, Société Trans-Ivoire c. Port autonome d'Abidjan, Rec., n° 10, juil.-déc. 2007, pp. 5-6 ; CCJA, arrêt n° 021 du 26 oct. 2006, Clinique pédiatrique de Batterie IV c. La compagnie AXA-Assurances

aussi arriver qu'après constat de l'irrégularité du recours, la Cour le déclare irrecevable sans attendre que le juge rapporteur accorde au requérant un délai aux fins de régularisation du recours[300].

2- Les effets de la saisine de la CCJA juridiction de cassation

133. Effet non suspensif. Tout d'abord, en tant que voie de recours extraordinaire, le recours en cassation devant la CCJA n'a pas d'effet suspensif[301]. En conséquence, ni le

---

S.A., Rec., n° 8, juin-déc. 2006, pp. 5 et s. ; CCJA, arrêt n° 022 du 30 avril 2008, La société *Valmar* S.A. c. N'Gakoutou Kaltouma Justine ; CCJA, arrêt n° 21 du 30 avril 2008, Société Otto import SPA, société TTCI c. Mahamat Saleh ; CCJA, 1re ch., arrêt n° 14 du 24 avril 2008, *First Security Bank National Association, Electra airlines* c. *Musgrove & Watson* voyages ; CCJA, 3e ch., arrêt n° 122 du 9 avril 2020, Alain Boisnard et Carmelo Talio c. Société Coris Bank international Togo SA.

CCJA, 3e ch., arrêt n° 205 du 28 mai 2020, Société *SOCADIN* SARL (Luc's Pressing) c. Pharmacie La Colombe. En cas de régularisation dans le délai imparti, le recours est déclaré recevable. V. CCJA, arrêt n° 005 du 28 fév. 2008, Etienne Konan Bally Kouakou c. Fédération nationale des Coopératives des Planteurs de Palmiers à Huile de Côte d'Ivoire, dite FENACOPAH-ci.

[300] V. CCJA, arrêt n° 022 du 26 déc. 2002, Société *Mobil Oil-CI* c. S.M., ohada.com, Ohadata J-03-108. Dans cette décision, l'irrecevabilité était due au fait que le requérant n'avait indiqué dans son recours ni les actes uniformes ni les règlements prévus par le traité dont l'application dans l'affaire justifiait la saisine de la Cour. Adde : CCJA, arrêt n° 22 du 26 déc. 2002, Société *Mobil Oil* Côte d'Ivoire c. Soumahoro Mamadou, ohada.com, Ohadata J-03-121 ; CCJA, 3e ch., arrêt n° 030 du 6 déc. 2011, Banque atlantique de Côte d'Ivoire, dite BACI c. Établissements Kouma et frères, dite EKF ; CCJA, 2e ch., arrêt n° 027 du 31 janv. 2019, Société africaine pour la Promotion hévéicole et de l'Industrialisation du Caoutchouc, dite SAPHIC SA c. Société *tropical Rubber* Côte d'Ivoire dite, TRCI SA et autres.

[301] Art. 16 du traité de l'OHADA.

délai pour l'exercer ni l'exercice effectif du recours en cassation ne suspendent l'exécution de la décision attaquée.

134. Effet dévolutif différé et éventuel. La saisine de la CCJA d'un pourvoi en cassation n'a pas directement un effet dévolutif. L'affirmation pourrait *a priori* surprendre. L'article 14, alinéa 5 du traité de l'OHADA ne dispose-t-il pas qu'« en cas de cassation, elle [la CCJA] évoque et statue sur le fond » ? Or, après évocation, la CCJA, lorsqu'elle statue à nouveau statue en fait et en droit et substitue ainsi sa décision à celle des juridictions nationales du fond. Il n'est donc pas surprenant que, se fondant sur le pouvoir d'évocation de la CCJA, une partie de la doctrine ait conclu que le pourvoi en cassation devant la CCJA a un effet dévolutif[302].

Il faut cependant éviter de conclure qu'en toute hypothèse le recours en cassation devant la CCJA aurait un effet dévolutif. D'une part, il est indiscutable que lorsque la CCJA rend un arrêt de rejet, elle ne substitue pas sa décision à celle des juges nationaux du fond. Elle se contente de confirmer la conformité au droit de la décision déférée à sa censure. D'autre part, même lorsqu'elle rend un arrêt de cassation, la CCJA, au moment où elle est saisie d'un recours en cassation, l'est toujours en qualité de juge du droit. L'effet dévolutif du recours en cassation devant la CCJA est donc seulement éventuel. Il suppose au préalable un arrêt de cassation de cette juridiction et qu'ensuite il soit véritablement possible d'évoquer parce qu'il reste quelque chose à juger. Si la décision des juridictions nationales du fond est cassée pour incompétence, au lieu d'évoquer et de statuer au fond, la CCJA renverra tout simplement l'affaire devant la juridiction normalement compétente.

---

[302] E. NSIE, « La Cour commune de justice et d'arbitrage », *op. cit.*, p. 319.

135. Dessaisissement de la juridiction nationale de cassation. La saisine de la CCJA juridiction de cassation a pour effet de dessaisir toute juridiction nationale de cassation préalablement saisie de la même affaire. Il faut bien comprendre qu'en réalité, ce qui entraîne le dessaisissement ce n'est pas la saisine de la CCJA d'un recours en cassation. Si la CCJA est saisie d'un recours en cassation dont a été saisie une juridiction nationale de cassation, la conséquence qui en découle est non pas le dessaisissement de celle-ci, mais plutôt la suspension de l'instance pendante devant elle[303]. Pour qu'il y ait effectivement dessaisissement, il faut nécessairement à la base que la CCJA ait été véritablement saisie comme juge de cassation. Ainsi, dans l'hypothèse de l'article 15 *in fine* du traité de l'OHADA[304], la CCJA n'est réellement saisie comme juridiction de cassation que si à la suite du renvoi opéré par la juridiction nationale de cassation, la CCJA juridiction des conflits en vient à confirmer la compétence de la CCJA juridiction de cassation.

B- L'introduction de l'instance devant la CCJA juridiction des conflits

136. Plan. Il convient de voir successivement les modes (1) et les effets (2) de la saisine de la CCJA comme juridiction des conflits.

---

303 Art. 16 du traité de l'OHADA.

304 Cet article énonce : « Les pourvois en cassation (...) sont portés devant la CCJA, soit directement par l'une des parties à l'instance, soit sur renvoi d'une juridiction nationale statuant en cassation saisie d'une affaire soulevant des questions relatives à l'application des Actes uniformes ».

1- Les modes de saisine

137. Distinction. Comme juridiction des conflits, la CCJA peut être saisie par la voie directe ou par la voie indirecte.

a) La saisine directe

138. Définition. La saisine directe de la CCJA comme juridiction des conflits résulte de l'article 18 du traité de l'OHADA. On peut en effet parler de saisine directe parce qu'à cette occasion, le recours en annulation qui est formé est directement adressé à la CCJA en sa qualité de juridiction des conflits.

139. Conditions de recevabilité. Le requérant du recours en annulation peut être toute personne à l'instance en cassation devant la juridiction nationale[305]. Serait certainement irrecevable le recours en annulation formé par la juridiction nationale de cassation elle-même. Pour être recevable, le recours en annulation doit réunir deux conditions exigées par l'article 18 du Traité. Il faut en premier lieu que le requérant ait soulevé dans l'instance en cassation l'incompétence de la juridiction nationale[306]. En second lieu, il faut que le requérant ait formé son recours en annulation dans les deux mois de la notification de la décision attaquée[307]. À ces deux conditions, il faut

---

[305] Le requérant du recours en annulation pourrait donc être le demandeur au recours en cassation devant la cour suprême nationale. CCJA, arrêt n° 050 du 7 juin 2012, Kouame Amenan Delphine c. Boni née N'guessan Adjoua Claudine.

[306] CCJA, arrêt n° 039 du 16 mai 2013, Succession Charles Ebina c. État congolais ; CCJA, 3e ch., arrêt n° 106 du 26 avril 2018, Gnare Kadiatou et autres c. Haïdar Moustapha et Entreprise industrielle de Bâtiments et divers, dite EIB ; CCJA, 1re ch., arrêt n° 118 du 9 avril 2020, Hamidou Bamba et autres c. Ali Jafar

[307] Lorsque manifestement, le recours en annulation n'est pas recevable pour cause de violation de l'une de ces conditions ou même des deux,

certainement en ajouter deux autres. Premièrement, pour former un recours en annulation, le requérant doit justifier de l'intérêt à agir. Aussi, le recours en annulation ne peut être recevable si la Cour suprême nationale a fait droit à l'exception d'incompétence soulevée par le requérant. Deuxièmement, même si les mentions exigées et les pièces à produire dans le recours n'ont été formulées dans la loi qu'à propos du recours en cassation, cette exigence pourrait aussi être étendue dans le recours en annulation, moyennant si nécessaire des adaptations. Si le recours en annulation ne satisfait pas à cette dernière exigence, l'irrecevabilité ne devrait pas être automatiquement prononcée par la Cour. Comme en matière de recours en cassation, le juge rapporteur devrait fixer au requérant un délai aux fins de régularisation du recours ou de production des pièces. C'est à défaut de régularisation ou de production des pièces dans ce délai que la Cour serait appelée à se prononcer sur la recevabilité du recours[308].

b) La saisine indirecte

140. Définition. La saisine de la CCJA juridiction des conflits par la voie indirecte est celle qui fait suite à la saisine de la CCJA d'un recours en cassation. En réalité, chaque fois qu'à la suite d'un recours en cassation, la CCJA en vient à se prononcer sur sa propre compétence, elle agit

---

la Cour peut d'office constater et prononcer l'irrecevabilité du recours sur le fondement de l'art. 32.2 du RP CCJA. V. CCJA, 1re ch., arrêt n° 018 du 24 janv. 2019, Pouengue Jean Michel c. Collectivité Logbongo ; CCJA, 1re ch., arrêt n° 019 du 24 janv. 2019, Société malienne de Prestations, dite SOMAPRE au Mali Sarl c. Banque commerciale du Sahel SA (BCS-SA). Si le recours en annulation est manifestement non fondé, la Cour peut également, sur le fondement de l'art. 32.2 précité, donc de sa propre initiative, le relever et ensuite conclure au rejet dudit recours. V. CCJA, 1re ch., arrêt n° 051 du 27 fév. 2020, Chanas Assurances SA c. Louis Laugier.

[308] Art. 28 (6), RP CCJA.

en qualité de juridiction des conflits. Saisie d'un recours en cassation, la CCJA, juridiction de cassation ne peut donc en connaître que si la CCJA, juridiction des conflits la reconnaît comme juridiction compétente en cette matière. Même si les deux opérations sont difficilement perceptibles dans la mesure où c'est la même juridiction qui agit, il n'en demeure pas moins que la dissociation de ces deux fonctions de la CCJA est bien réelle[309].

141. Titulaires de la saisine. Au regard de ce qui précède, la saisine indirecte de la CCJA comme juridiction des conflits peut non seulement être l'œuvre des parties en litige, mais aussi des juridictions nationales de cassation.

La saisine de la CCJA juridiction des conflits par les parties en litige résulte de deux dispositions du traité de l'OHADA : l'article 14 et l'article 16. Cette saisine est donc ouverte tant aux parties à l'instance devant les juridictions nationales du fond qu'aux parties à l'instance de cassation devant les juridictions nationales.

Quant à la saisine indirecte de la CCJA comme juridiction des conflits par les juridictions nationales de cassation, elle résulte des articles 15 et 16 du traité de l'OHADA. Dans ces deux articles, on peut en inférer l'hypothèse dans laquelle la CCJA est saisie d'un recours en cassation à la suite d'un renvoi par une juridiction nationale de cassation qui estime avoir été saisie à tort d'un litige relatif à l'application du droit OHADA. En réalité, après avoir été saisie par la juridiction nationale de cassation, la CCJA juge de cassation s'en remet à la CCJA juge des conflits afin qu'elle se prononce sur sa compétence. C'est ce qui justifie que le renvoi opéré par la Cour suprême nationale ne lie pas la CCJA juridiction de

---

[309] S.-P. LEVOA AWONA, Thèse, *op. cit.*, n° 352.

cassation[310]. Pour que celle-ci en vienne à connaître le litige dont elle a été saisie, il faut que la CCJA, juridiction des conflits, reconnaisse effectivement à la CCJA, juridiction de cassation, la compétence pour trancher ledit litige.

2- Les effets de la saisine

142. Saisine indirecte. Renvoi. Lorsque la CCJA juridiction des conflits est saisie par la voie indirecte, les effets de cette saisine sont les mêmes que pour tous les cas de saisine de cette juridiction d'un recours en cassation.

143. Saisine directe. En ce qui concerne la saisine par la voie directe, les effets qui en découlent sont prévus à l'article 52 du règlement de procédure de la CCJA. À la lecture de ce texte, il apparaît que le recours en annulation devant la CCJA emporte deux conséquences dont l'une est obligatoire et l'autre facultative. D'une part, le recours en annulation entraîne l'obligation pour le greffier en chef de la CCJA de le signifier à toutes les parties à la procédure devant la juridiction nationale de cassation. D'autre part, à l'égard des parties à l'instance devant la Cour suprême nationale, la signification du recours en annulation entraîne pour elles, la possibilité de présenter un mémoire dans un délai de trois mois. Toutefois, sur la question importante des effets du recours en annulation sur l'exécution de la décision de la Cour suprême nationale, le législateur a gardé le silence. Si, pour le recours en cassation, l'article 16 du traité énonce clairement qu'il n'a pas un effet suspensif de l'exécution de la décision des juridictions nationales du fond, qu'en est-il du recours en annulation ? La décision de la Cour suprême nationale doit-elle être exécutée

---

[310] V. par exemple : CCJA, 3e ch., arrêt n° 078 du 30 mars 2017, Société *Sohaco-pharma* SARL c. Société *Philco-pharma* ; CCJA, 1er ch., arrêt n° 052 du 27 févr. 2020, Maître Hajarat Aminata Guèye Fall c. Mademba Tall et Société *SAGEF* SA.

nonobstant le recours en annulation ? Sachant que la décision rendue par la juridiction suprême nationale est susceptible d'être annulée par la CCJA statuant comme juge des conflits, est-il de bonne administration de la justice d'autoriser d'ores et déjà la mise en œuvre de ladite décision ?

La réponse à ces différentes interrogations n'est pas aisée. Dans le contentieux privé devant les juridictions nationales des pays de l'OHADA, la solution généralement admise repose sur la distinction entre les voies de recours ordinaires et les voies de recours extraordinaires. Tandis que le délai d'exercice ou *a fortiori* l'exercice effectif d'une voie de recours ordinaire ont un effet suspensif, tel n'est pas le cas des voies de recours extraordinaires dont ni les délais d'exercice ni l'exercice effectif ne sont suspensifs de l'exécution de la décision attaquée. Mais, en droit OHADA, cette solution serait difficile à mettre en œuvre à cause de la nature pas évidente du recours en annulation dont il n'est pas facile de dire s'il forme une voie de recours ordinaire ou une voie de recours extraordinaire.

Pour déterminer le sort sur la décision attaquée du recours en annulation, il semble qu'il faut en définitive se placer du point de vue des avantages et des inconvénients des deux solutions qui sont envisageables : l'effet suspensif et l'effet non suspensif. Même si l'effet suspensif du recours en annulation aurait comme inconvénient d'encourager les justiciables de mauvaise foi à l'exercer dans le but de rallonger inutilement les procès, force est cependant de constater que c'est la solution qui présente le plus d'atouts. L'effet suspensif du recours en annulation devant la CCJA serait en conformité avec l'idée dominante dans les voies de recours. La voie de recours contre une décision de justice constitue un moyen de remise en cause de celle-ci. Il en découle une suspension de l'autorité de la chose jugée et par voie de conséquence, la force exécutoire de la décision attaquée devrait, au moins temporairement, être paralysée. L'effet non suspensif du recours en annulation, lui, risque de créer des situations difficilement rattrapables, bien qu'on soit dans le domaine des intérêts essentiellement pécuniaires. Ces situations sont d'autant plus à redouter que devant les juridictions nationales de cassation en matière judiciaire, le recours en cassation n'a pas d'effet suspensif. De la sorte, entre le moment où la Cour suprême nationale est saisie du recours en cassation et le moment où la CCJA tranche le recours en annulation, il pourrait s'écouler un temps suffisamment long pour occasionner des situations difficilement remédiables. En plus, il ne faut pas négliger le fait que les solutions applicables au fond pourraient changer du tout au tout puisque si la CCJA applique le droit OHADA, les cours suprêmes nationales, elles, appliquent le droit national.

§2- Le déroulement de l'instance

144. Plan. Les règles du déroulement de l'instance devant la CCJA concernent les deux types de recours qui sont susceptibles d'être exercés devant cette juridiction : le recours en cassation et le recours en annulation. À propos de ces deux types de recours, les précisions à faire concernent : les parties à l'instance (A), les actes de procédure (B), la langue de la procédure (C), les caractères de l'instance (D) et l'instruction de l'affaire (E).

A- Les parties à l'instance

145. Division. Après avoir déterminé les parties à l'instance (1), il conviendra ensuite d'examiner la représentation des parties à l'instance (2).

1- Détermination des parties à l'instance

146. Parties à l'instance devant les juridictions nationales. L'instance devant la CCJA comporte habituellement deux parties : le demandeur et le défendeur. Le demandeur est la personne qui prend l'initiative de l'instance en saisissant la CCJA d'une prétention. Quant au défendeur, c'est la personne contre laquelle l'action du demandeur est dirigée.

Peuvent être parties à l'instance en cassation ou à l'instance en annulation devant la CCJA toutes les personnes qui ont été parties à l'instance qui a donné naissance à la décision attaquée[311]. Il s'agit notamment de toutes les personnes physiques ou morales qui étaient engagées dans le procès devant les juridictions nationales soit comme demandeur soit comme défendeur soit comme intervenant.

147. Tiers intervenant. Peuvent également être parties à l'instance devant la CCJA, les personnes qui sont restées tierces à l'instance devant les juridictions nationales. Ces personnes peuvent, pour ce faire, user de l'intervention qui se définit comme la procédure par laquelle une personne, au départ tiers à une instance, en devient partie. L'article 45-1 du règlement de procédure de la CCJA énumère les personnes qui peuvent intervenir à l'instance devant la CCJA. Il s'agit des États parties au Traité et de toute personne ayant intérêt, pour la conservation de ses droits, à soutenir les prétentions de l'une des parties[312]. L'intervention admise devant la CCJA est donc l'intervention volontaire et accessoire, c'est-à-dire celle qui, émanant de la volonté du tiers, est destinée à soutenir

---

[311] Pour l'instance en cassation, v. art. 15 du traité de l'OHADA. Pour l'instance en annulation, v. art. 52 (1) et (2), RP CCJA.

[312] V. aussi J. ISSA-SAYEGH et J. LOHOUES-OBLE, *op. cit.*, n° 446.

les prétentions de l'une des parties à l'instance[313]. Toutefois, rien ne paraît s'opposer à ce que soient aussi autorisées devant la CCJA les autres formes d'intervention, à savoir, l'intervention volontaire principale[314] et l'intervention forcée[315]. Il ne faut d'ailleurs pas oublier qu'en élargissant les formes d'intervention dans l'instance en cours devant la CCJA, on élargit aussi le champ d'application de l'autorité de la chose jugée qui en découlera, ce qui est susceptible d'annihiler ou d'amoindrir le risque de renouvellement du procès sur les mêmes faits.

La procédure d'intervention devant la CCJA débute par une demande d'intervention signifiée aux parties et présentée dans les trois mois de la publication de l'acte introductif d'instance dans le Journal officiel de l'OHADA. La demande d'intervention contient : l'indication de l'affaire, l'indication des parties principales au litige, les noms et domicile de l'intervenant, l'élection de domicile de l'intervenant au lieu où la Cour a son siège, les conclusions au soutien desquelles l'intervenant demande d'intervenir et enfin, dans le cas de demandes d'intervention autres que celles d'États membres, l'exposé des raisons justifiant l'intérêt à intervenir. Avant de statuer sur la demande en intervention, le président doit mettre les parties en mesure

---

[313] V. notamment CCJA, Ass. plén., arrêt n° 043 du 23 avril 2014, Rec., n° 21, vol. 1, p. 73, dans lequel la Cour rejette l'intervention forcée : « … aucune disposition du règlement de procédure n'autorise la mise en cause d'une personne n'ayant été ni partie, ni représentée à l'instance devant les premiers juges ». Adde CCJA, Ass. plén., arrêt n° 110 du 4 nov. 2014, Rec., n° 22, p. 248, dans lequel l'intervention est déclarée irrecevable au motif que bien que volontaire, elle n'était pas accessoire, c'est-à-dire qu'elle n'était pas destinée à soutenir les prétentions de l'une des parties à l'instance.

[314] L'intervention volontaire est dite principale lorsqu'elle a pour objet d'élever une prétention au profit du tiers qui la forme.

[315] L'intervention forcée consiste, pour l'une des parties au procès, à obliger un tiers à y participer.

de présenter leurs observations écrites ou orales. Si la demande en intervention est acceptée, l'intervenant reçoit communication de tous les actes de procédure signifiés aux parties. Le président peut cependant, à la demande d'une partie, exclure la communication à l'intervenant de pièces confidentielles. C'est également au président qu'il revient de fixer le délai dans lequel l'intervenant peut présenter un mémoire en intervention ainsi que celui dans lequel les parties peuvent répondre à ce mémoire. Devenu partie à l'instance, l'intervenant est soumis aux règles qui gouvernent la représentation des parties à l'instance.

2- Représentation des parties à l'instance

148. Représentation obligatoire par un avocat. La représentation à l'instance devant la CCJA est nécessairement assurée par les soins d'un avocat[316]. Il en découle que les parties à l'instance ne peuvent assurer elles-mêmes la défense de leur cause, pas plus qu'elles ne peuvent avoir recours à un tiers n'ayant pas la qualité d'avocat. Toutefois, si la partie à l'instance est un avocat inscrit au barreau de l'un des États membres de l'OHADA, elle peut assurer elle-même sa défense[317]. Selon la doctrine, le caractère obligatoire du ministère d'avocat devant la CCJA se justifie par le fait que l'attribution essentielle de la CCJA étant d'agir comme juge de cassation, l'assistance de l'avocat permettrait de dépouiller les actes de procédure des questions de fait inutiles dans ce cadre. De plus, la procédure devant la CCJA étant essentiellement écrite,

316 V. art. 23, RP CCJA.

317 V. CCJA, arrêt n° 10 du 26 fév. 2004, Maître Tonye Arlette c. BICEC, *in* F. ONANA ETOUNDI et J. M. MBOCK BIUMLA, *op. cit.*, pp. 48 et s.

l'intervention d'un professionnel du droit assure mieux les intérêts des parties[318].

149. Missions de l'avocat. Le mandat *ad litem,* conformément au droit commun, confère essentiellement à celui qui en bénéficie le pouvoir de postuler et de plaider au nom et pour le compte de son mandant. La postulation consiste pour le mandataire, à accomplir tous les actes de procédure que nécessite le procès. Quant à la plaidoirie, elle consiste pour le mandataire à présenter verbalement à l'audience les arguments qu'il avance au soutien des prétentions de son mandant. Pour tous les actes de plaidoirie et de postulation relatifs à l'affaire en instance, l'avocat jouit de l'immunité[319].

150. Conditions requises pour être avocat à la CCJA. Pour être admis comme mandataire *ad litem* devant la CCJA, l'avocat doit non seulement rapporter la preuve qu'il est inscrit à l'un des barreaux des États membres de l'OHADA, mais en outre, produire un mandat spécial de la partie qu'il représente[320]. Toutefois, si l'avocat agit pour la défense de ses propres intérêts, il n'a pas besoin de produire un mandat spécial[321]. Le pourvoi en cassation formé par un avocat non muni d'un mandat spécial est irrecevable[322].

---

[318] J.-C. BONZI et I. YAYÉ, *op. cit.*, p. 100.

[319] Art. 23 bis, RP CCJA. C'est là une innovation issue de la modification de 2014.

[320] V. art. 23-1, RP CCJA. Cf. CCJA, arrêt n° 037 du 22 nov. 2007, Société Générale de Banque en Côte d'Ivoire, dite SGBCI c. Société civile immobilière Centre commercial de Treichville, dite SCI-CCT, Recueil de jurisprudence de la CCJA, n° 10 juil.-déc. 2007, pp. 56 et s.

[321] V. CCJA, arrêt n° 10 du 26 févr. 2004, Maître Tonye Arlette c. BICEC, *op. cit.*, ohada.com, Ohadata J-04-295.

[322] Ce motif d'irrecevabilité pourrait d'ailleurs être soulevé d'office par la Cour. V. CCJA, 3e ch., arrêt n° 122 du 9 avril 2020, Alain Boisnard et Carmelo Talio c. Société *Coris bank international* Togo SA. On assimile au défaut de mandat, le mandat spécial donné à l'avocat par une personne n'ayant pas qualité pour le faire : CCJA, arrêt n° 191 du

Dans le même sens, les mémoires en réponse et les mémoires en duplique présentés par un avocat non muni d'un pouvoir spécial sont également irrecevables[323].

151. Exclusion de l'avocat. L'avocat admis comme mandataire *ad litem* devant la CCJA peut être exclu de cette juridiction. Il en est ainsi lorsque son comportement devant la Cour est incompatible avec la dignité de celle-ci ou qu'il userait des droits qu'il tient de ses fonctions à des fins autres que celles pour lesquelles ces droits lui ont été reconnus. L'exclusion de l'avocat indigne a lieu après qu'il a été entendu et peut intervenir à tout moment de la procédure par ordonnance immédiatement exécutoire de la Cour. L'exclusion d'un avocat de la procédure a pour conséquence de suspendre celle-ci jusqu'à l'expiration d'un délai fixé par le président pour permettre à la partie dont l'avocat a été exclu de désigner un autre avocat[324]. Ce nouvel avocat, comme son prédécesseur, aura pour rôle essentiel l'accomplissement pour le compte de la partie qu'il représente des actes de procédure.

B- Les actes de procédure

152. Plan. Les actes de procédure manifestent au cours du procès l'activité des parties le plus souvent par

---

28 mai 2020, La Société Générale d'Alimentation (SGA) SPRL en liquidation c. La Société congolaise des Pêches, dite SOCOPE SA et autres ; CCJA, 1re ch., arrêt n° 175 du 28 mai 2020, Société *PCCW Global Limited* SARL c. Société *Télécel* Centrafrique SA.

[323] CCJA, 1re ch., arrêt n° 30 du 26 mai 2005, La Société Satoya Guinée S.A. c. Maîtres Aboubacar Camara et Boubacar Télimélé Sylla, ohada.com, Ohadata J-05-382 ; CCJA, 2e ch., arrêt n° 008 du 25 août 2011, Ecobank-Mali c. Hôtel Kempinski El farouk ; CCJA, 1re ch., arrêt n° 266 du 28 nov. 2019, Société *Experience Technology* (XIT SARL) c. Société Ecobank RDC SA ; CCJA, 2e ch., arrêt n° 024 du 30 janv. 2020, Société *Coris Bank international* Togo c. Anida Paham-Esso et autres et Société Bio4ever Togo.

[324] Art. 23-2, RP CCJA.

l'entremise de leurs avocats. La présentation et la signification de ces actes (1) de même que les délais dans lesquels ils doivent être accomplis (2) ont particulièrement retenu l'attention du législateur OHADA.

1- La présentation et la signification des actes de procédure

153. Présentation des actes de procédure. Les règles de présentation des actes de procédure devant la CCJA ont été déterminées par l'article 27 du règlement de procédure de la CCJA. Il ressort de ce texte que tout acte de procédure doit être daté et lorsque l'acte en cause est un original, il doit être signé par l'avocat de la partie qui entend l'utiliser. De plus, à tout acte de procédure, est annexé un dossier contenant les pièces et documents invoqués à l'appui et accompagné d'un bordereau de ces pièces et documents. Il est également prévu que tout acte de procédure, accompagné de toutes les annexes qui y sont mentionnées, est présenté avec une copie pour la Cour[325] et autant de copies qu'il y a de parties en cause[326]. Si en raison du volume d'une pièce ou d'un document, il n'en est annexé à

---

[325] Dans l'ancien article 27 du Règlement, c'est en sept exemplaires pour la Cour qu'il fallait produire les copies des actes de procédure, soit un exemplaire pour chaque juge, dans la mesure où à l'époque la Cour comptait sept juges. Avec la modification du traité de l'OHADA en 2008 qui a porté le nombre de juges de la CCJA à neuf, on pouvait s'attendre logiquement à ce que le nombre de copies des actes de procédure à produire passe à neuf. Mais le législateur a plutôt choisi d'alléger la tâche des justiciables en ramenant le nombre de copies exigé à une seule qui, certainement, est multiplié en interne pour permettre à chaque juge d'avoir son exemplaire.

[326] Cette obligation n'est assortie d'aucune sanction ; sa violation ne saurait par conséquent entraîner l'irrecevabilité du recours en cassation. CCJA, 2e ch., arrêt n° 192 du 28 mai 2020, Abdourahman Barry c. Société Barry Thierno Issiaga et autres.

l'acte que des extraits, la pièce ou le document entier ou une copie complète est déposée au greffe.

154. Signification des actes de procédure. L'ancien article 24 du règlement de procédure de la CCJA avait énuméré deux moyens de signification des actes de procédure. Soit elle se faisait par envoi postal recommandé, avec accusé de réception d'une copie de l'acte à signifier, soit par remise de cette copie contre reçu[327]. Il est évident, au regard du développement actuel des outils de communication, que cette énumération était étriquée est en déphasage avec la réalité. C'est ce qui justifie que dans le nouvel article 24 du règlement de procédure, le législateur a ajouté aux deux moyens de signification qui existaient déjà d'autres à savoir : la messagerie express, le courrier électronique, le télécopieur ou tout autre moyen technique de communication laissant trace.

2- Les délais des actes de procédure

155. Règles de computation. Devant la CCJA, la computation des délais de procédure a retenu l'attention du législateur, spécialement à l'article 25 du règlement de procédure de la CCJA et dans diverses décisions adoptées par la CCJA[328]. Ainsi, les délais en mois et les délais en années sont comptés de quantième à quantième. Par exemple, pour un délai de deux mois, du 1er janvier au 1er mars. De même, en raison de la crise sanitaire liée à la pandémie de la maladie à corona virus (COVID-19), les

---

[327] Les copies des actes à signifier sont dressées et certifiées conformes par le greffier en chef de la CCJA. Art. 24 *in fine,* RP CCJA.

[328] V. aussi J.-C. ANGUISSA, *Les délais de procédure devant la Cour Commune de Justice et d'Arbitrage (CCJA),* Mémoire DEA, Université de Yaoundé-Soa, 2003-2004.

délais de recours devant la CCJA sont mis en œuvre eu égard aux difficultés avérés rencontrées par les parties[329].

155-1. Point de départ. Le point de départ des délais de procédure (encore appelé *dies a quo*) devant la CCJA se situe à la date de l'acte, de l'événement, de la décision ou de la signification qui fait courir le délai. Il faut cependant relever que devant la CCJA, le *dies a quo* n'est jamais compté, de sorte que le délai commence réellement à courir le lendemain de l'acte, de la formalité ou de l'événement qui fait courir le délai[330]. Sont en revanche compris dans les délais de procédure, les jours fériés légaux[331] ainsi que les samedis et dimanches intercalés.

155-2. Expiration des délais. Au sujet de l'expiration des délais de procédure devant la CCJA, la loi communautaire a prévu une réglementation précise.

---

[329] Art. 1er de la Décision n° 084/2020/CCJA/PDT portant mesures exceptionnelles dans la prise en compte des délais de procédure devant la CCJA.

[330] V. par exemple, CCJA, 2e ch., arrêt n° 038 du 8 déc. 2011, Saad épouse Adel El Ali c. Ale Amonssan Charles : « Mais attendu que contrairement aux allégations du défendeur au pourvoi, le point de départ du délai de deux mois prévu à l'article 28 du règlement de procédure est le lendemain de la signification au regard de l'article 25 du même règlement de procédure, soit en l'espèce le 29 août 2007, pour se terminer donc le 29 octobre 2007 ; que par conséquent, le recours en cassation exercé par Madame SAAD épouse ADEL EL ALI, enregistré au greffe de la cour de céans le 29 octobre 2007, a été fait dans le délai ; qu'il s'ensuit que cette exception d'irrecevabilité soulevée par Monsieur ALE AMONSSAN Charles n'est pas fondée et doit être rejetée ». Sur ce point, le droit de l'OHADA se distingue du droit français qui inclut dans les délais de procédure exprimés en mois ou en années le *dies a quo.* Il n'est dérogé à cette règle que lorsque les délais sont calculés en jours. Y. STRICKLER, *Procédure civile*, Bruxelles, Bruylant, 8e éd., 2018, p. 185, n° 286.

[331] Dont la liste est dressée par la Cour et publiée au J.O. de l'OHADA. V. Décision n° 001/99/CCJA du 4 fév. 1999 établissant la liste des jours fériés.

Premièrement, les délais de procédure devant la CCJA étant des délais non francs[332], le *dies ad quem* est toujours compté. Tout délai expire par conséquent le dernier jour à 24 heures. Toutefois, si le délai expire normalement un samedi, un dimanche ou un jour férié légal dans le pays où l'acte ou la formalité doit être accompli, il est prorogé jusqu'au premier jour ouvrable suivant. Deuxièmement, lorsqu'un délai est exprimé en mois ou en années, ce délai expire le jour du dernier mois ou de la dernière année qui porte le même quantième que le jour de l'acte, de l'événement, de la décision ou de la signification qui fait courir le délai. À défaut d'un quantième identique, le délai expire le dernier jour du mois[333]. Par exemple, pour un acte qui doit être accompli dans un délai d'un mois, si le *dies a quo* se situe au 31 janvier, à défaut de quantième identique dans le mois de février, ce délai arrive à expiration le 28 ou le 29 février.

155-3. Difficultés propres aux délais en mois ou en années. En rapprochant les dispositions sur l'expiration des délais de procédure devant la CCJA avec celles régissant le point de départ de ces délais, on ne peut manquer d'être surpris. Au regard de la loi, les délais de procédure commencent effectivement à courir le lendemain de l'acte ou de l'événement qui constitue le point de départ du délai. De ce fait, il devient difficile d'envisager que l'échéance des délais de procédure exprimés en mois ou en année se situe à un jour ayant le même quantième que le *dies a quo*. Peut-être aurait-il été plus juste pour le législateur de prévoir que les délais de procédure en mois ou en années expirent le jour qui porte le même quantième que le

332 Le délai non franc encore appelé délai ordinaire est celui qui expire le dernier jour à 24 heures. G. CORNU (dir.), *Vocabulaire juridique*, Paris, PUF, 7e éd., 2005, p. 275.
333 Art. 25 (2), RP CCJA.

lendemain du jour de l'acte, de l'événement, de la décision ou de la signification qui fait courir le délai.

155-4. Augmentation des délais. Les délais de procédure devant la CCJA peuvent être augmentés en raison de la distance. Cette augmentation est de 21 jours pour les personnes qui demeurent en Afrique centrale[334], de 14 jours pour les personnes qui demeurent en Afrique de l'Ouest et de 30 jours pour celles demeurant en République fédérale islamique des Comores et autres pays. Ces augmentations ne sont pas applicables lorsque les parties ont leur résidence habituelle en Côte d'Ivoire[335].

155-5. Suspension des délais de procédure. Même si elle n'est pas prévue à l'article 25 du Règlement de procédure, la suspension des délais de procédure devant la CCJA peut intervenir sur décision de cette dernière, en raison de circonstances exceptionnelles rendant impossible l'accomplissement des actes de procédure. Le délai suspendu est provisoirement arrêté et recommence à courir à la fin de l'événement à l'origine de la suspension[336].

C- La langue de la procédure

156. Justification. La modification de l'article 42 du traité de l'OHADA qui a ajouté l'anglais, l'espagnol et le portugais parmi les langues de travail de l'OHADA, a justifié l'insertion dans le règlement de procédure de la CCJA, d'un article 27 bis dont l'objet est de réglementer la langue de la procédure devant la Cour. Si les langues de travail de la Cour sont celles de l'OHADA, il existe

---

[334] V. par exemple, au sujet du délai d'exercice du recours en cassation devant la CCJA, v. CCJA, 2e ch., arrêt n° 054 du 27 févr. 2020, Kiambi Yavanga Bangambula José c. Rawbank SA.

[335] V. Décision n° 002/99/CCJA augmentant les délais de procédure en raison de la distance du 4 fév. 1999.

[336] V. par exemple, Décision n° 009/2011/CCJA suspendant les délais de procédure en raison de la crise sociopolitique en Côte d'ivoire.

cependant pour chaque affaire, une langue de procédure dont le choix et l'usage sont réglementés.

157. Choix. Le choix de la langue de procédure est effectué par le requérant (naturellement parmi les langues de travail de l'OHADA)[337], à moins que le défendeur à l'instance ne soit un État partie, auquel cas la langue de procédure est la langue officielle de cet État[338]. Peu importe la position processuelle de l'État devant la CCJA, il est assuré que la langue de la procédure sera sa langue officielle. Cette disposition qui accorde aux États parties un véritable privilège quant à la langue de la procédure devant la CCJA est discutable. Dans un procès qui oppose l'État à un particulier, c'est généralement ce dernier qui est la partie faible, et nécessite une protection. À partir de ce moment, le privilège dont jouit l'État au sujet de la langue de procédure devant la CCJA apparaît comme nécessaire, et en tout cas, en décalage avec l'état des forces en présence. Si le requérant est originaire d'un pays où il existe plusieurs langues officielles, il a la faculté de choisir celle qui lui convient. Cela veut dire *a contrario* que lorsque le requérant a une seule langue officielle, il ne peut choisir que celle-ci comme langue de procédure devant la CCJA. Si telle est bien l'interprétation qu'il faut retenir, il faut avouer qu'elle est critiquable. Il n'y a pas de lien indéfectible entre la nationalité et la maîtrise des langues officielles. Il serait par conséquent plus judicieux d'opter pour une solution qui prend en compte la situation spécifique du requérant qui fait le choix de la langue de procédure. En réalité, que ce soit dans les pays où il existe plusieurs langues officielles ou dans ceux n'ayant qu'une langue officielle, les requérants

[337] Ce choix peut être explicite ou implicite. Dans le dernier cas, le choix de la langue de procédure pourrait résulter du choix de la langue utilisée pour la formulation du recours devant la CCJA. Cf. J. WAMBO, *op. cit.*, p. 121.
[338] Art. 27 bis (2) (a), RP CCJA.

devraient pouvoir choisir la langue qui leur convient, peu importe que cette langue ne fasse pas partie de celles officielles, dès lors qu'elle fait partie des langues de travail de l'OHADA.

158. Usage : étendue et limites. En ce qui concerne l'usage de la langue de procédure, elle est utilisée dans les mémoires et plaidoiries des parties, y compris les pièces et documents annexés ainsi que les procès-verbaux et décisions de la Cour. La langue de procédure sert également à la traduction des pièces et documents annexés qui seraient rédigés dans une autre langue. Toutefois, si les pièces et documents produits dans une autre langue sont volumineux, des traductions en extraits dans la langue de la procédure peuvent être effectuées. Mais à tout moment, la Cour peut exiger une traduction plus complète ou intégrale soit d'office, soit à la demande de l'une des parties.

Même si dans chaque procédure, il y a une langue de procédure, il ne faut pas perdre de vue que les langues de travail de la Cour sont celles de l'OHADA et cela entraîne d'importantes conséquences. En premier lieu, à la demande d'un juge ou d'une partie, le greffier en chef prend toutes les dispositions nécessaires pour assurer la traduction de tout ce qui est dit ou écrit dans les langues de travail de la Cour. En second lieu, les publications de la Cour sont faites dans les langues de travail de l'OHADA et les textes rédigés dans l'une de ces langues font foi.

D- Les caractères de l'instance

159. Caractère écrit. La procédure contentieuse devant la CCJA est essentiellement écrite, car les parties font valoir leurs prétentions et arguments dans des documents écrits appelés mémoires. Toutefois, la Cour peut, à la demande de l'une des parties, organiser dans certaines affaires une procédure orale[339].

160. Caractère public. L'instance devant la CCJA revêt, en outre, un caractère public. Il en découle que les audiences des procès devant la CCJA sont publiques[340]. En conséquence, toute personne qui le désire peut accéder à la salle d'audience. Toutefois, en raison de la crise sanitaire de la COVID-19, les justiciables qui assistent aux audiences doivent se tenir à deux mètres de distance les uns des autres et leur accès à la Cour est conditionné au respect des mesures sanitaires arrêtées par les autorités ivoiriennes[341]. Par dérogation au caractère public du procès devant la CCJA, la Cour elle-même peut ordonner le huis clos[342]. Cette dérogation ne s'étend pas à l'arrêt de la Cour qui est toujours rendu en audience publique, les parties dûment convoquées[343].

Le désistement d'instance consiste pour les parties, à renoncer à toute prétention, à abandonner le procès sans en attendre le dénouement. Selon qu'il intervient avant ou après le dépôt du rapport sur l'affaire, il est constaté par ordonnance du président de la Cour ou de la chambre ou par arrêt de la Cour. Dans le règlement de procédure originel, le désistement à l'instance pouvait être l'œuvre de l'une ou des deux parties au procès[344]. Toutefois, il faut se rendre à

339 Art. 34-1, RP CCJA. Lire aussi I. NDAM, *Le Pourvoi devant la cour commune de justice et d'arbitrage*, Thèse, Université de Yaoundé II-Soa, 2009, n° s725 et s.

340 Art. 19, alinéa 2, du Traité

341 Art. 1er, (4), de la Décision n° 054/2020/CCJA/PDT du 1er avril 2020 portant adoption de nouvelles dispositions pour les audiences de la Cour commune de justice et d'arbitrage de l'OHADA (CCJA/OHADA).

342 Ce huis clos pourrait être motivé par le souci de protéger l'ordre public ou les bonnes mœurs.

343 Art. 40-1 RP CCJA ; I. NDAM, op. cit., nos 654 et s.

344 Le désistement des deux parties pouvait par exemple, être la conséquence d'une transaction intervenue entre elles. CCJA, ord. n° 3

l'évidence que si le désistement du demandeur est véritablement susceptible de déboucher sur l'extinction de l'instance, tel n'est pas le cas du désistement du défendeur qui a pour effet de faciliter la tâche du demandeur dont seul le recours sera examiné[345]. C'est ce qui justifie que dans le règlement de procédure modifié, seul le demandeur peut se désister. Mais ce désistement n'entraîne extinction de l'instance que si le défendeur y consent ou s'il n'a présenté aucune demande reconventionnelle ou fin de non-recevoir[346]. Lorsqu'il est admis, le désistement d'instance ne met pas fin à l'action, à moins que le demandeur déclare expressément y renoncer. Enfin, si dans le règlement de procédure modifié, en cas de désistement, les dépens sont à la charge exclusive du demandeur[347], tel n'était pas le cas dans le règlement originel qui opérait des distinctions. Ainsi, en cas de désistement des deux parties, accompagné d'un accord sur les dépens, le président statuait selon l'accord des parties. En cas de désistement de l'une des parties, la partie qui se désistait était condamnée aux dépens s'il était conclu dans ce sens par l'autre partie[348]. Toutefois, à la demande de la partie qui se désistait, les dépens pouvaient être mis à la charge de l'autre partie, si cela apparaissait justifié par l'attitude de cette dernière. À défaut

---

du 22 mai 2002, Société *Star Auto* c. Fanny Mory, ohada.com, Ohadata J-03-128.

345 J. WAMBO, *op. cit.*, p. 254.

346 CCJA, 2e ch., arrêt n° 025 du 31 janv. 2019, Société africaine d'Investissements et d'Infrastructures, dite SA2I c. Lellah Koffi Eugène et Société *Protector* ; CCJA, 1re ch., arrêt n° 056 du 14 mars 2019, Société *Tropik industries* Cameroun SA c. Société *SK* SARL ; CCJA, 1re ch., arrêt n° 077 du 9 avril 2020, Société *Pearl Gold AG* SA c. Société *Wassoul'or* et État du Mali.

347 CCJA, 3e ch., arrêt n° 297 du 28 nov. 2019, Banque internationale pour l'Afrique de l'Ouest, dite BIAO-CI devenue NSIA Banque c. Berte Seriba.

348 CCJA, ord. n° 02 du 1er oct. 2003, *South African Airways* c. Société *Ferme Adam*, ohada.com, Ohadata J-04-132.

de conclusion sur les dépens, chaque partie supportait ses propres dépens[349].

La radiation d'instance et la péremption d'instance constituent des innovations du règlement de procédure modifié. Il s'agit de mesures d'administration judiciaire qui sanctionnent le défaut d'accomplissement des diligences par les parties, avec cette différence que, si la péremption d'instance intervient au bout d'un délai de deux ans à partir du dernier acte de procédure, la radiation elle, ne comporte aucune condition de délai. Le délai au bout duquel l'inaccomplissement d'actes de procédures pourrait entraîner la radiation de l'affaire du rôle des affaires en cours est ainsi laissé à l'appréciation de la CCJA. En fonction des données propres à chaque affaire, ce délai pourrait donc être inférieur, supérieur ou même égal à deux ans.

---

[349] V. CCJA, ord. n° 6 du nov. 2004, Société *Palmindustrie Liquidation* c. Cabinet ivoirien de surveillance, ohada.com, Ohadata J-05-279 ; CCJA, ord. n° 3 du 3 mars 2004, Société *Roméo International* c. Maître Niangadou Aliou, Ossey Gnanssou et dame Ossey Gnanssou, ohada.com, Ohadata J-05-275 ; CCJA, ord. n° 2 du 25 févr. 2004, Société commerciale du centre ouest (SOCOCE) c. Société sucrière africaine de Côte d'Ivoire (SUCAF-CI), ohada.com, Ohadata J-05-274 ; CCJA, ord. n° 2 du 27 mars 2002, Société des transports saint Christophe (TT Saint Christophe) c. Société d'études et réalisations industrielles foncières et agricoles (SERIFA), ohada.com, Ohadata J-03-127 ; CCJA, ord. n° 3 du 1er oct. 2003, Société *USICAO* c. Société *Borro et Compagnie*, ohada.com, Ohadata J-04-133 ; CCJA, ord. n° 1 du 27 juin 2002, Fazah Souleymane c. La société commerciale ivoirienne de matériel industriel (SCIMI), ohada.com, Ohadata J-03-126 ; CCJA, ord. n° 3 du 13 avril 2007, SCPA Abel Kassi et associés c. Société commerciale de Banque S.A., Recueil de jurisprudence de la CCJA, n° 9 janv.-juin 2007, p. 101 ; CCJA, ord. n° 03 du 4 octobre 2006, Société ivoirienne de Déroulage et Sciage, dite IDES c. Société Merhy et Frères, Rec., n° 8, juil.-déc. 2006, pp. 69-70 ; CCJA, ord. n° 01 du 12 janv. 2006, Compagnie Ivoirienne d'electricité, dite CIE c. Banque internationale de l'Afrique de l'Ouest Côte d'Ivoire, dite BIAO-CI, Rec., n° 7, janv.-juin 2006, pp. 78-79.

En instituant la radiation et la péremption d'instance, l'objectif du législateur OHADA est de désengorger ou d'apurer le rôle de la CCJA qui était souvent encombré d'affaires qui y étaient inscrites sans que par la suite, les parties accomplissent les diligences nécessaires à la conduite de l'instance[350]. Avec la radiation ou même la péremption d'instance, pouvoir est désormais donné à la CCJA de sortir ces affaires du rôle.

162. Caractère contradictoire. La procédure en cassation et la procédure en annulation revêtent un caractère contradictoire[351]. Il en résulte qu'aucune partie à l'instance ne peut être jugée sans avoir été entendue ou appelée. Chaque partie à l'instance doit avoir la possibilité de contredire les prétentions, les moyens, les arguments et les preuves de son adversaire. Le caractère contradictoire de l'instance devant la CCJA se manifeste par l'obligation faite à la Cour de signifier le recours à toutes les parties à la procédure devant la juridiction nationale[352] et ensuite par la possibilité reconnue à ces dernières de présenter un mémoire en réponse dans un délai de trois mois à compter de la signification du recours[353]. Le principe du contradictoire se manifeste également dans l'obligation de communication imposée aux parties en litige. Ainsi, les copies certifiées conformes des actes de procédure accompagnées de toutes les annexes qui y sont mentionnées, doivent être déposées au greffe de la CCJA en raison d'un exemplaire pour la Cour[354] et autant d'exemplaires qu'il y a de parties à l'instance. De plus, si en raison du volume d'une pièce ou d'un document, il n'en

---

[350] J. WAMBO, *op. cit.*, pp. 259 et s.

[351] V. aussi I. NDAM, *op. cit.*, n°s 662 et s.

[352] Art. 29 et 52-1, RP CCJA.

[353] Art. 30 et 52-2, RP CCJA.

[354] Dans l'ancien RP CCJA, il était fait obligation de produire autant de copies que de juges à la CCJA.

est annexé à l'acte que des extraits, la pièce ou le document entier ou une copie complète est déposée au greffe[355]. Le dépôt des actes et pièces au greffe a pour but de permettre à la partie adverse d'en prendre communication pour éventuellement en contredire le contenu.

E- L'instruction

163. Définition, objectifs. C'est la phase de l'instance au cours de laquelle sont accomplies diverses formalités destinées à mettre l'affaire en état d'être jugée. C'est notamment au cours de cette période que le juge réunit les éléments qui devront lui permettre de statuer sur les prétentions des parties. Pour les parties à l'instance, la phase de l'instruction doit leur permettre, à travers l'échange des mémoires, de préciser leurs prétentions en indiquant par ailleurs les éléments de fait et de droit sur lesquels elles se fondent.

164. Procédure écrite. L'instruction du recours en cassation et du recours en annulation devant la CCJA est suivie par un juge rapporteur. Ce dernier est désigné par le président, dès saisine de la Cour et il est tenu à la fin de l'instruction, de faire un rapport à la Cour[356].

La présentation des mémoires par les parties obéit à une réglementation précise. C'est d'abord au demandeur qu'il revient de présenter dans son recours les moyens qu'il invoque à l'encontre de la décision attaquée[357]. Ce recours

---

[355] Art. 27, RP CCJA.

[356] Art. 26, RP CCJA.

[357] Il n'existe pas devant la CCJA la pratique des mémoires ampliatifs tels qu'on les retrouve devant la cour de cassation ou la cour suprême du Cameroun. Le mémoire ampliatif est celui qui, faisant suite au recours en cassation, doit développer les moyens sommairement invoqués dans le pourvoi. V. par exemple les articles 53 et suivants de la loi camerounaise n° 2006/016 du 29 déc. 2006 fixant l'organisation et le fonctionnement de la cour suprême.

doit être signifié à toutes les parties à la procédure devant la juridiction nationale[358]. Après quoi, n'importe quelle personne partie à la procédure devant la juridiction nationale peut, dans un délai de trois mois à compter de la signification du recours, présenter un mémoire en réponse[359] comportant les noms et domicile de la partie qui le produit, la date à laquelle le recours lui a été signifié ainsi que les conclusions présentées et les moyens invoqués. En cas d'élection de domicile au lieu où la Cour a son siège, le mémoire en réponse comporte l'indication du nom de la personne qui est autorisée et qui a consenti à recevoir toutes significations. Si l'auteur du mémoire en réponse est une personne morale de droit privé, il doit joindre à son mémoire ses statuts ou un extrait récent du registre du commerce ou toute autre preuve de son existence juridique et la preuve que le mandat donné à l'avocat a été régulièrement établi par un représentant qualifié à cet effet. Le mémoire en réponse peut également comporter l'indication selon laquelle l'avocat ayant son domicile professionnel dans un État partie, consent à ce que des significations lui soient adressées par courrier électronique,

---

[358] Art. 29 du RP CCJA pour le recours en cassation et art. 52 (1) RP CCJA pour le recours en annulation.

[359] Art. 30 (1) RP CCJA pour le recours en cassation et art. 52 (2) pour le recours en annulation. Le mémoire en réponse produit hors délai est irrecevable. V. dans ce sens, CCJA, 2e ch., arrêt n° 056 du 27 févr. 2020, Société *Startimes Média* Centrafrique c. Alfred Taingo Poloko : « Attendu en effet, qu'il résulte du dossier que sieur Afred Tainga Poloko a reçu signification du pourvoi le 19 juin 2019 et a déposé son mémoire en réponse le 21 octobre 2019, soit plus de trois mois et 21 jours prévus par les articles 30 du règlement de procédure susvisé et 1er de la décision n° 002/99/CCJA du 04 février 1999 augmentant les délais de procédure en raison de la distance ; qu'il convient de déclarer ledit mémoire irrecevable et de l'écarter des débats ».

télécopieur ou tout autre moyen de communication laissant trace écrite.

Si le mémoire en réponse ne comporte pas toutes les mentions et pièces exigées, le juge rapporteur fixe à la partie qui l'a initié un délai raisonnable aux fins de régularisation. À défaut de régularisation, le mémoire en réponse, à l'image du recours irrégulier, sera rejeté par la Cour. Le mémoire en réponse doit également être signifié à toutes les parties à la procédure devant la juridiction nationale[360].

Les mémoires en réponse peuvent éventuellement être suivis de la production, dans un délai déterminé par le président, d'un mémoire en réplique et d'un mémoire en duplique ou de toute autre mémoire. Si le recours formé est un recours en cassation, les autres mémoires qui viennent après le mémoire en réponse doivent être expressément autorisés par le président s'il les juge nécessaires, soit d'office, soit à la suite d'une demande formulée dans un délai de 15 jours à compter de la signification du mémoire en réponse, du mémoire en réplique ou du mémoire en duplique[361]. Pareille exigence n'existe pas en ce qui concerne la procédure du recours en annulation.

Pour apporter la preuve de leurs allégations, les parties à l'instance peuvent annexer à leurs mémoires diverses pièces. Ces pièces doivent en tout cas être certifiées conformes et déposées au greffe de la Cour dont une copie pour la Cour et les autres copies pour les parties à l'instance.

165. Procédure orale. En cas de procédure orale[362], il revient au président de fixer une date pour l'audience et au

---

[360] Art. 30, RP CCJA.

[361] Art. 31, RP CCJA.

[362] À cause de la crise sanitaire de la COVID-19, les audiences devant la CCJA ne comportent plus une phase des débats ou de procédure orale. Art. 1er, (3), de la Décision n° 054/2020/CCJA/PDT du 1er avril 2020

greffier en chef d'informer les parties. L'audience est publique, à moins qu'il n'en soit décidé autrement par la Cour. Au cours de l'audience, le président dirige les débats et exerce la police de l'audience en déterminant notamment l'ordre dans lequel les parties sont appelées à prendre la parole. Le président, de même que tout juge de la CCJA avec l'autorisation du président, peut également au cours des audiences, poser des questions aux parties. À la fin de chaque audience, le greffier en chef établit un procès-verbal signé par lui-même et par le président. Ce procès-verbal constitue un acte authentique et les parties peuvent en prendre connaissance au greffe et en obtenir copie à leurs frais[363].

§3- Le dénouement de l'instance

166. Plan. Le dénouement de l'instance devant la CCJA obéit à des règles communes (A) et à des règles propres (B).

A- Règles communes

167. Division. Qu'il s'agisse de l'instance en annulation ou de l'instance en cassation, l'instance devant la CCJA se termine normalement par un arrêt qui en constitue l'aboutissement (1). Mais le dénouement de l'instance ne signifie pas toujours la fin du procès. Les parties à l'instance et même les tiers peuvent, à la suite de l'arrêt de la CCJA, exercer des voies de recours qui ont pour conséquence de créer une nouvelle instance (2).

---

portant adoption de nouvelles dispositions pour les audiences de la Cour commune de justice et d'arbitrage de l'OHADA (CCJA/OHADA).

[363] Art. 34 et s., RP CCJA.

1- L'arrêt de la CCJA

168. Plan. Le prononcé ainsi que le contenu des arrêts de la CCJA doivent être précisés (a) avant d'aborder leur force juridique (b).

a) Prononcé et contenu des arrêts de la CCJA

169. Prononcé. Le prononcé de l'arrêt de la Cour est précédé d'une phase de délibérations. Les délibérations de la Cour sont secrètes et ont lieu en Chambre du conseil. Seuls les juges prennent part aux délibérations[364]. Il n'est tenu aucun procès-verbal des délibérations de la Cour en matière judiciaire. Les décisions de la Cour sont prises à la majorité des juges présents et en cas de partage des voix, celle du président est prépondérante[365]. L'arrêt est rendu en audience publique[366], les parties dûment avisées. La minute de l'arrêt, après avoir été signée par le président et le greffier en chef, est conservée au greffe. Ensuite, une expédition et une copie certifiée conforme de la minute de l'arrêt sont délivrées aux parties qui en font la demande, au tarif fixé par la Cour[367].

170. Contenu. Le contenu de l'arrêt de la Cour est indiqué par l'article 39 du règlement de procédure de la CCJA. Aux termes de ce texte, l'arrêt de la Cour contient : l'indication qu'il est rendu par la Cour ; la date du prononcé ; les noms des juges qui y ont pris part ainsi que celui du greffier ; l'indication des parties ; les noms des

364 Dans le RP CCJA originel, la participation de toute autre personne aux délibérations ne pouvait être admise que sur autorisation de la Cour.
365 Art. 22, RP CCJA.
366 Il devrait s'agir d'une audience à juge unique, en raison de la crise sanitaire consécutive à la COVID-19. V. art. 1er, (2), de la Décision n° 054/2020/CCJA/PDT du 1er avril 2020 portant adoption de nouvelles dispositions pour les audiences de la Cour commune de justice et d'arbitrage de l'OHADA (CCJA/OHADA).
367 Art. 40, RP CCJA.

avocats des parties ; les conclusions des parties ; l'exposé sommaire des faits ; les motifs ; le dispositif, y compris la décision relative aux dépens[368].

[368] Les dépens désignent les frais exposés pour la conduite de la procédure et qui sont remboursables par le perdant à la partie gagnante, à moins que la CCJA n'en décide autrement. Si les parties ne concluent pas sur les dépens, chaque partie supporte ses propres dépens. Aux termes de l'art. 43 (2) RP CCJA, rentrent dans les dépens récupérables : les droits de greffe ; les frais indispensables exposés par les parties aux fins de la procédure, notamment les frais de déplacement et de séjour et la rémunération des avocats, selon le tarif fixé par la Cour ; les frais qu'une partie a dû exposer aux fins d'exécution forcée suivant le tarif en vigueur dans l'Etat où l'exécution forcée a lieu. Après avoir été considérée par la CCJA comme une action banale, ouverte notamment à l'avocat pour ses frais de séjour et de déplacement et sa rémunération et à la partie gagnante pour les droits de greffe et autres frais exposés (CCJA, 2e ch., arrêt n° 090 du 27 avril 2017, Maître Doudou Ndoye c. Monsieur Pape Mactar Sarr ; CCJA, 3e ch., arrêt n° 013 du 25 janv. 2018, SCBP c. Société générale Cameroun ; CCJA, 3e ch., arrêt n° 014 du 25 janv. 2018, Maître Paul Tchuente c. Société Afriland first bank ; CCJA, 3e ch., arrêt n° 160 du 18 oct. 2018, Stanislas Wouam Nkounchou c. Société Tractafric motors Cameroun SA.), l'action en liquidation des dépens est, depuis l'arrêt n° 212 du 25 juin 2020 (2e ch., aff. Tankeu Yvonne c. Société Stantard chartered bank Cameroon, *ATDA,* n° 7, nov. 2020, note L. HOUNBARA KAOSSIRI), considérée comme une action attitrée, réservée à la seule partie gagnante (« Attendu qu'au sens de ce texte [art. 43 RP CCJA], c'est la partie qui a gagné le procès qui demande la liquidation des dépens, différente de la taxation des honoraires qu'un avocat peut, de son propre chef et en cas de contestation, solliciter de la Cour ; Attendu qu'en l'espèce, la requérante sollicite, non pas la taxation de ses honoraires à proprement parler, mais la liquidation à son profit des dépens dont sa rémunération d'avocat est l'une des composantes ; que la partie gagnante qui a seule la qualité pour réclamer une telle liquidation n'étant pas associée à cette démarche, il y a lieu, pour la sécurité des situations juridiques, de déclarer Maître Tankeu Yvonne irrecevable en l'état de sa demande »). Pour ce faire, la partie gagnante doit s'attacher les services d'un avocat qui agira en ses lieu et place. Comme pour tout avocat agissant devant la CCJA, l'avocat agissant en liquidation des dépens doit être muni d'un mandat spécial. V. dans ce sens, CCJA, 1ère ch., arrêt n° 186 du 25 oct.

b) La force juridique des arrêts de la CCJA

171. Plan. Les arrêts de la CCJA ont, aux termes de l'article 20 du traité de l'OHADA, autorité de la chose jugée (1°) et force exécutoire (2°).

i) L'autorité de la chose jugée

172. Signification. L'arrêt de la CCJA a dès son prononcé, autorité de chose jugée, ce qui signifie que ce qu'il constate est indiscutable et tient lieu de vérité légale. L'article 20 du traité aurait dû en réalité parler de force de chose jugée dans la mesure où l'arrêt de la CCJA ne peut faire l'objet que de voies de recours extraordinaires, donc en principe non suspensives d'exécution[369].

173. Étendue. L'autorité de chose jugée des arrêts de la CCJA couvre l'ensemble des pays de l'OHADA[370]. C'est ce qui justifie que pour une affaire tranchée par la CCJA, aucune décision d'une juridiction nationale contraire à l'arrêt de la CCJA ne saurait prospérer en recevant une exécution forcée[371]. L'autorité de chose jugée attachée aux arrêts de la CCJA s'oppose ensuite, à ce que la même affaire soit à nouveau portée devant l'une des juridictions de l'OHADA ou même devant la CCJA[372]. Ainsi, une affaire

---

2018, Mibé Célestin c. Ngokseu Richard. Par ailleurs, le mandat donné à l'avocat pour agir en liquidation des dépens doit l'être par une personne ayant qualité pour le faire. V. dans ce sens, CCJA, 3e ch., arrêt n° 216 du 22 nov. 2018, Afriland first bank c. Société Castor Bâtisseur et Achindati Etienne.

[369] B. GUEYE, S. N. TALL et M. KAMTO, *op. cit.*, p. 19.

[370] P.-G. POUGOUÉ et Y.-R. KALIEU-ELONGO, *op. cit.*, n° 27.

[371] CCJA, 3e ch., arrêt n° 067 du 27 févr. 2020, *Union Bank of Cameroon* c. Piwele Grégoire, dit Ngako Jeuga Grégoire.

[372] CCJA, 1er ch., arrêt n° 058 du 14 mars 2019, Société de transformation, reconditionnement et de commerce (SATREC SA) c. Société *Best Poultry international* A/S ; CCJA, 2e ch., arrêt n° 195 du

tranchée par les juridictions nationales du Gabon, puis connue en cassation par la CCJA, ne peut être portée par la suite devant les juridictions camerounaises. Une affaire déjà tranchée par la CCJA et portée à nouveau devant cette juridiction ou une autre juridiction nationale devrait en toute logique être sanctionnée par une fin de non-recevoir[373].

L'autorité de chose jugée des arrêts de la CCJA est bien entendu relative. Aussi, ne s'applique-t-elle, au regard de l'article 1351 du Code civil, que s'il y a triple identité d'objet, de cause et de parties[374]. La vérité judiciaire telle que constatée par la CCJA n'est donc pas une vérité absolue, abstraite et objective. C'est une vérité relative, dans la mesure où elle se limite à la question litigieuse et aux parties à l'instance[375]. Rien n'interdit par conséquent que les mêmes parties saisissent la CCJA d'une question litigieuse différente ou ce qui est tout aussi évident, que des parties différentes saisissent la CCJA d'une question identique ou même différente.

ii) La force exécutoire

174. Signification et implications. La force exécutoire de l'arrêt de la CCJA signifie qu'au cas où il ne serait pas volontairement exécuté, il peut donner lieu à une exécution forcée. La force exécutoire de l'arrêt de la CCJA prend effet dès son prononcé. Il n'est pas exigé une quelconque

---

28 mai 2020, Compagnie minière du mont Klahoyo c. Touré Ben Stewart.

[373] V. CCJA, arrêt n° 16 du 29 juin 2006, Société *Ansari Trading Company* Ltd c. La société commerciale de banque *Crédit lyonnais* Cameroun, Rec., n° 7 janv.-juin 2006, pp. 9-14.

[374] N. FRICERO, « Le fabuleux destin de l'autorité de la chose jugée », *Mélanges J.-F. BURGELIN,* Paris, Dalloz, 2008, pp. 199-206.

[375] Rapp. J.-M. LE MASSON, « La recherche de la vérité dans le procès civil », *Revue Droit et société*, 38, 1998, pp. 22-23.

procédure d'exequatur[376]. Dans le pays où l'arrêt doit être exécuté, le passage effectif à l'exécution forcée nécessite cependant que l'arrêt de la CCJA ait été revêtu de la formule exécutoire. Selon l'article 46-1 du règlement de procédure de la CCJA, la formule exécutoire est apposée, sans autre contrôle que celui de la vérification de l'authenticité du titre par l'autorité nationale que le Gouvernement de chacun des États parties désignera à cet effet et dont il donnera connaissance à la Cour[377].

Sous réserve de l'apposition de la formule exécutoire, il faut dire que la force exécutoire des arrêts de la CCJA s'étend à l'ensemble des pays de l'OHADA. Par conséquent, un arrêt de la CCJA rendu dans un litige qui a été connu par les juridictions nationales du fond d'un pays de l'OHADA est susceptible de déboucher sur une exécution forcée, non seulement dans ce pays, mais également dans n'importe quel autre pays de l'OHADA. On en conclut que les arrêts de la CCJA circulent librement dans tout l'espace OHADA, ce qui n'est pas toujours le cas des décisions des juridictions nationales. La force exécutoire des arrêts de la CCJA a également pour conséquence que dans une même affaire, aucune décision contraire à un arrêt de la CCJA ne peut faire l'objet d'une exécution forcée dans un État partie (art. 20 *in fine* du traité de l'OHADA). Par exemple, dans une procédure en annulation, en cas d'annulation de la décision de la Cour suprême nationale se déclarant compétente, une telle

[376] B. GUEYE, S. N. TALL et M. KAMTO, *ibid.*

[377] Au Cameroun par exemple, c'est le greffier en chef de la cour suprême qui est chargé, sous le contrôle du président de la Cour, d'apposer la formule exécutoire sur les arrêts de la CCJA. V. articles 1 et 2 du décret n° 2002/299 du 3 déc. 2002 désignant l'autorité chargée d'apposer la formule exécutoire sur les arrêts de la CCJA de l'OHADA et sur les sentences arbitrales rendues en application du règlement d'arbitrage de ladite Cour et de l'acte uniforme relatif au droit de l'arbitrage, *Juridis périodique*, n° 53, 2003, p. 107.

décision ne peut recevoir aucune exécution forcée dans l'ensemble de l'espace OHADA. Cette conséquence concerne d'ailleurs l'ensemble de la décision de la Cour suprême nationale, c'est-à-dire non seulement la déclaration de compétence, mais également toute question de fond qui aurait été tranchée.

175. Voies d'exécution. Les voies d'exécution à mettre en œuvre aux fins d'exécution d'un arrêt de la CCJA sont celles en vigueur dans le pays où se déroule l'exécution forcée. La CCJA dispose néanmoins dans ce domaine du pouvoir de surseoir à l'exécution forcée. La demande de sursis à exécution obéit aux mêmes règles que le recours en cassation[378]. Elle est signifiée aux autres parties auxquelles le président fixe un bref délai pour la présentation de leurs observations écrites ou orales. Le président statue sur la demande par voie d'ordonnance motivée et immédiatement signifiée aux parties. Cette ordonnance est insusceptible de recours[379]. Elle peut cependant à tout moment être modifiée ou rapportée à la demande d'une partie. Le rejet de la demande n'empêche pas la partie qui l'avait introduite de présenter une autre demande fondée sur des faits nouveaux[380].

---

[378] Toutefois, la CCJA est incompétente si la demande de sursis à exécution est formée par rapport à une décision rendue par une juridiction nationale. V. CCJA, ord. n° 4 du 9 mars 2004, Société *Induschimie* c. Dame Mermoz Roch Pauline et autres, ohada.com, Ohadata J-05-276.

[379] Si l'exécution forcée n'avait pas commencé, la demande de sursis à exécution est rejetée par la Cour. V. CCJA, ord. n° 04 du 3 déc. 2003, Société *Sotaci* c. M. Delpech Gérard et Mme Delpech Joëlle, ohada.com, Ohadata J-04-134.

[380] Art. 46, RP CCJA.

2- Les voies de recours

176. Plan. L'arrêt de la CCJA ne peut faire l'objet que de voies de recours extraordinaires. Il s'agit de la tierce opposition (a), du recours en interprétation (b), du recours en révision (c) et du recours en rectification (d).

a) La tierce opposition

177. Conditions de recevabilité et procédure. La tierce opposition est ouverte à toute personne physique ou morale qui est restée tierce à l'instance lorsque l'arrêt de la Cour préjudicie à ses droits[381]. Dans sa jurisprudence, la CCJA précise que les décisions attaquables par la voie de la tierce opposition sont les arrêts de la Cour et non les ordonnances du président de la Cour[382]. Aucune condition n'a été posée quant au délai d'exercice de la tierce opposition. Pour être recevable, la demande en tierce opposition doit par ailleurs spécifier l'arrêt attaqué et indiquer en quoi cet arrêt préjudicie aux droits du tiers opposant ainsi que les raisons pour lesquelles le tiers opposant n'a pu participer au litige principal[383].

La procédure de la tierce opposition quant à elle, commence par une demande en tierce opposition formée contre toutes les parties au litige principal. La représentation des parties à l'instance en tierce opposition

---

[381] V. : CCJA, arrêt n° 26 du 16 nov. 2006, Madame Aboa Achoumou Etienne née Aguie Chaboe c. SGBCI et autres, Rec., n° 8, juil.-déc. 2006, pp. 35-39 ; CCJA, 1re ch., arrêt n° 015 du 24 janv. 2019, *United Bank for Africa* c. Études et Réalisations d'Ouvrages hydrauliques (EROH). En l'absence de préjudice causé par l'arrêt de la Cour, le recours en tierce opposition est irrecevable. V. CCJA, arrêt n° 37 du 2 juin 2005, Société de Transformation industrielle de Lomé, dite STIL c. Société des Tubes d'Acier et d'Aluminium, dite SOTACI, ohada.com, Ohadata J-06-06.

[382] CCJA, 3e ch., arrêt n° 30 du 25 févr. 2016, Rec., n° 25, p. 36.

[383] Art. 47-1 et 2, RP CCJA.

obéit aux mêmes règles que la représentation des parties à l'instance en cassation. Il en est de même des règles relatives à la présentation des actes de procédure.

178. Conséquences. Au niveau des effets, la tierce opposition entraîne, lorsqu'elle connaît une issue favorable, la modification de l'arrêt attaqué dans la mesure où il est fait droit à la tierce opposition. En cas de rejet du recours en tierce opposition, c'est l'autorité de la chose jugée de l'arrêt attaqué qui est réaffirmée[384]. Le rejet de la tierce opposition trouve généralement son fondement dans deux principales raisons : d'abord, lorsque le tiers ne justifie pas d'un motif valable l'ayant empêché de participer au procès relatif au litige principal[385] ; ensuite, lorsque le demandeur ne démontre pas en quoi l'arrêt attaqué préjudicie à ses droits[386]. Quelle que soit l'issue de l'instance en tierce opposition, la minute de l'arrêt rendu sur tierce opposition est annexée à la minute de l'arrêt attaqué et mention de l'arrêt rendu sur tierce opposition est faite en marge de la minute de l'arrêt attaqué[387].

b) Le recours en interprétation

179. Conditions de recevabilité, procédure, conséquences. Pour être recevable, le recours en interprétation devant la CCJA doit satisfaire à certaines conditions. Premièrement, en ce qui concerne les titulaires de cette action, il résulte de l'article 45 bis du règlement de procédure de la CCJA qu'elle est ouverte à « toute partie ». Par cette expression, il faut certainement entendre les

---

[384] CCJA, 1re ch., arrêt n° 120 du 31 mai 2018, Compagnie d'Opérations et de Reconditionnement industriel, dite CORI c. Kaboré John Boureima et autres.

[385] Il s'agit par ce moyen d'éviter de faire de la tierce opposition une source de lenteur judiciaire et de procédures dilatoires ou abusives. CCJA, 1re ch., arrêt n° 016 du 23 janv. 2020.

[386] CCJA, 1re ch., arrêt n° 016 du 23 janv. 2020.

[387] Art. 47-3, RP CCJA.

parties à l'instance en cassation ou à l'instance en annulation devant la CCJA[388]. Les recours en interprétation exercés par des tiers à ces deux instances sont par conséquent irrecevables. Deuxièmement, au sujet du délai d'exercice de cette action, il est de trois ans à compter du prononcé de l'arrêt. Au-delà de ce délai, l'action est irrecevable pour cause de forclusion. Troisièmement, pour être recevable, le recours en interprétation doit se fonder sur la contestation ou la recherche du sens ou de la portée du dispositif d'un arrêt de la CCJA. Ainsi, est déclaré irrecevable le recours en interprétation d'un arrêt qui, loin de rechercher le sens ou la portée de son dispositif, « se borne plutôt à formuler des griefs contre celui-ci et à demander à la Cour d'en justifier les motifs »[389] ou encore, le recours en interprétation qui, loin d'articuler une proposition de compréhension du sens ou de la portée du dispositif de l'arrêt entrepris, formule plutôt des récriminations à l'encontre de ladite décision[390]. Enfin, pour être recevable, le recours en interprétation doit spécifier l'arrêt visé et la partie du dispositif dont l'interprétation est demandée.

Après saisine de la CCJA d'un recours en interprétation, les dispositions des articles 23 et 27 du règlement de procédure de la CCJA relatives à la représentation des parties et à la présentation des actes de procédure sont applicables[391]. La Cour statue par voie d'arrêt sur la demande en interprétation après avoir mis les parties en mesure de présenter leurs observations. Lorsque la CCJA est saisie d'un recours en interprétation, elle ne peut véritablement se livrer à un examen du sens et de la portée

[388] S.-P. LEVOA AWONA, « Cour commune de justice et d'arbitrage », *op. cit.*, n° 110.
[389] CCJA, 2e ch., arrêt n° 150 du 9 mai 2019.
[390] CCJA, 1re ch., arrêt n° 180 du 25 oct. 2018.
[391] Pour plus de détails, v. supra nos 148 et s.

de l'arrêt querellé que si celui-ci comporte des ambiguïtés. Si l'arrêt de la CCJA est clair, comme pour tous les actes juridiques, il n'y a pas lieu à interprétation. La formule est bien connue : *interpretatio cessat in claris*. Le recours en interprétation devrait alors purement et simplement être rejeté. Lorsqu'il est favorablement accueilli, le recours en interprétation confère au juge le pouvoir de préciser le sens considéré comme obscur de l'arrêt interprété. Sous couvert d'interprétation, il ne doit cependant pas aller au-delà, par exemple en modifiant le sens de la décision interprétée. En tout état de cause, l'arrêt interprétatif fait corps avec l'arrêt interprété. Aussi, la minute de l'arrêt interprétatif est-elle annexée à la minute de l'arrêt interprété et mention de l'arrêt interprétatif est faite en marge de la minute de l'arrêt interprété[392].

c) Le recours en révision

180. Cas d'ouverture. La révision de l'arrêt de la Cour peut être demandée par toute partie à condition de faire la preuve de la découverte d'un fait de nature à exercer une influence décisive, mais inconnu de la Cour et de la personne qui demande la révision au moment de l'instance en cassation ou de l'instance en annulation[393].

Pour solliciter la révision d'un arrêt de la CCJA, il faut donc premièrement faire la preuve d'un fait nouveau. Le

---

[392] Art. 48, RP CCJA.

[393] Art. 49.1, RP CCJA. Si ces conditions ne sont pas remplies, le recours en révision est déclaré irrecevable par la CCJA. V. : CCJA, arrêt n° 040 du 17 juil. 2008, Hassan Sahly c. Société *Nouvelle scierie d'Agnibilekro,* dite SNDA SARL et M. Wahad Nouhad Rachid ; CCJA, arrêt n° 38 du 2 juin 2005, Société des Tubes d'Acier et d'Aluminium, dite SOTACI c. Delpech Gérard et Delpech Joëlle, ohada.com, Ohadata J-06-07 ; CCJA, 1re ch., arrêt n° 013 du 24 janv. 2019, Société *Royal Air* Maroc c. Dossou-Lihoue Claude ; CCJA, 1re ch., arrêt n° 016 du 24 janv. 2019, CBAO Groupe *Attijariwafa Bank* c. *Bank of Africa* Mali et sénégalaise de commerce et de services.

fait nouveau n'est pas celui qui n'existait pas au moment où l'arrêt a été rendu. Au moment où l'arrêt attaqué est rendu, le fait nouveau existe bel et bien ; ce qui importe, c'est qu'au moment du prononcé de l'arrêt, ce fait soit inconnu de la Cour et du demandeur à l'instance. C'est ce qui justifie que le fait nouveau soit considéré comme celui qui a été découvert après le prononcé de l'arrêt attaqué[394]. Au regard de ce qui précède, ne constitue pas un fait nouveau, « une précédente décision de forclusion rendue entre les mêmes parties par la même juridiction, ou encore la sortie du dossier du rôle pour défaut de consignation, suivie du ré enrôlement ayant permis de rendre la décision dont recours en révision »[395].

Ensuite, le fait nouveau, pour déboucher sur la révision de la décision attaquée, doit avoir une influence décisive sur celle-ci. Il faut un fait en présence duquel la CCJA n'aurait pas pris la même décision. Si le fait, bien que nouveau (c'est-à-dire ignoré du demandeur et de la Cour), ne peut avoir aucune incidence sur la décision contestée, il n'y a pas lieu à révision[396].

181. Délai. La demande en révision est formée dans un délai de trois mois à compter du jour où le demandeur a eu connaissance du fait sur lequel la demande en révision est basée. À l'expiration d'un délai de dix ans à dater de l'arrêt, aucune demande en révision ne peut plus être formée, même si la partie qui la forme fait la preuve de la découverte d'un fait de nature à exercer une influence décisive, mais inconnu d'elle et de la Cour à l'époque de l'instance en cassation ou de l'instance en annulation. Ainsi, une demande en révision formée plus de dix années après l'arrêt de la CCJA devrait être rejetée au moyen d'une fin de non-

---

[394] J. WAMBO, ouvrage précité, p. 303.

[395] J. WAMBO, *ibid.*

[396] CCJA, 1re ch., arrêt n° 040 du 17 juil. 2008, *op. cit.*

recevoir. Pour les demandes en révision formées dans les dix années qui suivent la date de l'arrêt, elles sont irrecevables si elles ne satisfont pas aux conditions de délai et d'objet.

182. Procédure. La procédure en révision commence par une demande en révision formée contre toutes les parties à l'arrêt dont la révision est demandée. Cette demande qui doit être conforme aux prescriptions des articles 23 et 27 du règlement de procédure de la CCJA doit par ailleurs contenir les indications nécessaires à sa recevabilité. Les parties à l'arrêt dont la révision est demandée ont le droit de présenter des observations écrites sur la recevabilité de la demande en révision. Ces observations sont communiquées à la partie dont émane la demande. Avant de rendre sa décision sur la recevabilité de la demande, la Cour peut donner à nouveau aux parties la possibilité de présenter leurs vues à ce sujet. Si la Cour estime que la demande est conforme aux conditions posées par la loi, elle la déclare recevable par arrêt constatant expressément l'existence d'un fait nouveau de nature à justifier l'ouverture d'une instance en révision. Après quoi, la Cour fixe des délais pour toute procédure ultérieure qu'elle estime nécessaire pour se prononcer sur le fond de la demande. La minute de l'arrêt portant révision est annexée à la minute de l'arrêt révisé et mention de l'arrêt portant révision est faite en marge de la minute de l'arrêt révisé[397].

d) Le recours en rectification

183. Titulaires et causes. C'est une innovation du règlement de procédure de la CCJA modifié en 2014[398].

---

[397] Art. 49, RP CCJA.

[398] Cette innovation vient en réalité conforter la jurisprudence de la CCJA qui avait déjà été établie dans ce sens : « … attendu qu'il est de

Le recours en rectification peut être l'œuvre de l'une des parties ou même des deux à l'instance ayant donné naissance à l'arrêt de la CCJA. Par parties à l'instance, il faut entendre toute personne ayant pris part au litige à un quelconque titre et qui aurait intérêt à la rectification de l'arrêt qui en a découlé. Sont alors visés, non seulement, les demandeurs et défendeurs ou même le tiers intervenant, mais également leurs avocats[399]. La CCJA elle-même peut s'autosaisir pour rectifier son propre arrêt lorsque celui-ci est entaché d'erreurs et/ou d'omissions[400].

Le recours en rectification peut être exercé en cas d'erreurs et d'omissions matérielles contenues dans l'arrêt de la CCJA. C'est ce qui justifie l'obligation faite au demandeur en rectification de caractériser les erreurs et omissions matérielles qui fondent son action, sous peine d'irrecevabilité[401]. Si le recours en rectification est détourné de son objet, par exemple, parce qu'il exercé dans le but de

---

principe que les erreurs et omissions matérielles qui affectent une décision, même passée en force de chose jugée, peuvent toujours être réparées par la juridiction qui l'a rendue ». V. arrêt n° 015 du 1er juil. 2003, Côte d'Ivoire *Télécom* c. Société *Publista*, Rec., n° 2, p. 43.

399 V. par exemple, CCJA, ord. n° 01 du 12 juil. 2011, Rec., n° 16, p. 66 où l'action avait été introduite par un avocat qui s'était vu attribuer la qualité de conseil d'une partie qui n'était pas sa cliente.

400 CCJA, 2e ch., arrêt n° 018 du 27 avril 2007, Rec., n° 9, p. 96 : « attendu que l'arrêt n° 009/2007 du 15 mars 2007 ayant été rendu au profit de l'OPVN sur le pourvoi de celui-ci, la cour de céans a commis une erreur en le condamnant aux dépens, après avoir inexactement énoncé que celui-ci avait succombé ; qu'il y a lieu de réparer d'office ladite erreur ».

401 CCJA, 3e ch., arrêt n° 283 du 28 nov. 2019 : « Mais attendu que (…) les éléments sur lesquels repose le recours, ne caractérisent en rien des erreurs et omissions matérielles pouvant justifier la rectification d'un arrêt de la CCJA (…) ; qu'il échet de déclarer la requête en rectification irrecevable ».

faire réexaminer une cause déjà vidée, il est également déclaré irrecevable[402].

Selon la doctrine, les erreurs et omissions matérielles supposent une pensée du juge déformée au moment de sa transcription[403]. Il s'agit alors d'erreurs et d'omissions qui se sont glissées dans le dossier ou dans la décision[404]. Les erreurs et omissions matérielles se distinguent des erreurs de raisonnement ou même intellectuelles qui, même si elles aboutissent à une mauvaise interprétation de la loi, sont cependant l'exact reflet de la pensée du juge. Sous couvert d'agir en rectification, les parties ne sauraient en profiter pour remettre en cause la rectitude juridique de la décision de la CCJA[405] qui elle-même ne saurait se saisir de cette occasion pour corriger ses erreurs de droit[406].

184. Procédure et effets. Le droit commun de la procédure devant la CCJA est applicable au recours en rectification. C'est le cas des règles relatives à la représentation des parties et aux actes de procédure. Mais le recours en rectification est aussi soumis à des règles particulières. Ainsi, le recours en rectification est formulé au moyen d'une requête. La procédure de rectification pourrait être unilatérale ou alors revêtir un caractère contradictoire. Si elle est accueillie favorablement, la requête en rectification donne lieu à réparations d'erreurs

---

402 J. WAMBO, *op. cit.*, p. 281.

403 J. VINCENT et S. GUINCHARD, *Procédure civile*, Paris, Dalloz, 27e éd., 2003, n° 189.

404 J. WAMBO, *ibid.*

405 Le recours en rectification ne saurait constituer un nouveau recours en cassation cette fois-ci, contre la décision de la CCJA.

406 CCJA, 1re ch., arrêt n° 040 du 13 févr. 2020, Société *Transrail* c. Société *Canac* Sénégal SA et Société *Canac Railways* services Inc. S. GUINCHARD, F. FERRAND et C. CHAINAIS, *Procédure civile*, *op. cit.*, n° 208.

ou d'omissions matérielles par la Cour selon ce que le dossier révèle ou selon ce que la raison commande.

B- Règles propres

185. Plan. Elles concernent l'instance en cassation (1) et l'instance en annulation (2).

1- Les règles propres au dénouement de l'instance en cassation

186. Règle générale : typologie et conséquences des arrêts de la CCJA juge de cassation. La CCJA rend soit des arrêts de rejet, soit des arrêts de cassation. L'arrêt de rejet a essentiellement pour conséquence de confirmer la décision attaquée qui, de ce fait, acquiert force de chose jugée. Les arrêts de cassation, quant à eux, ont pour effet d'obliger la Cour, en vertu de l'article 14, alinéa 5 du traité de l'OHADA, à évoquer et à statuer sur le fond.

187. Cas particulier du pouvoir d'évocation. Le pouvoir d'évocation de la CCJA suscite trois principales interrogations : d'abord, quel en est le fondement ? Ensuite, malgré le texte de l'article 14, alinéa 5, l'évocation forme-t-elle une conséquence nécessaire de l'arrêt de cassation ? Enfin, quels sont véritablement les pouvoirs de la CCJA lorsqu'elle évoque et statue sur le fond ?

187-1. Le pouvoir d'évocation de la CCJA se justifie essentiellement par l'exigence de célérité de la justice. En effet, devant les juridictions nationales de cassation où elle constitue le principe, la technique de la cassation avec renvoi présente l'inconvénient d'allonger les procès, surtout que la première juridiction de renvoi n'est pas tenue de se conformer à la solution retenue par la juridiction suprême. Au delà du raccourcissement de la durée des procès, le pouvoir d'évocation permet aussi aux justiciables de faire des économies. Au lieu d'avoir à dépenser pour le procès devant la CCJA et devant la(les) juridiction(s) de renvoi, le justiciable n'a à le faire que devant la CCJA[407].

Bien que présentant d'indéniables avantages, le pouvoir d'évocation pourrait cependant entraîner une instabilité de la jurisprudence de la CCJA. Lorsqu'elle est pratiquée, la cassation avec renvoi permet notamment à la juridiction suprême d'avoir aussi bien en faits qu'en droit, des éclairages nouveaux sur la question litigieuse. En France, il est même arrivé des cas où, mieux éclairée par la résistance des juridictions de renvoi, la Cour de cassation a modifié sa position initiale pour l'aligner sur celle des juridictions de renvoi[408]. Or, le pouvoir d'évocation de la CCJ qui a pour conséquence de soustraire la doctrine de cette juridiction à l'épreuve des juges du fond « risque de devenir une source de rigidité dans le mécanisme d'élaboration de la jurisprudence »[409]. Il ne faut pas en effet oublier que « l'unification de la jurisprudence ne peut être le résultat d'un débat rapide et tronqué, au risque de n'être qu'une unification provisoire et illusoire. Accélérer l'unification de la jurisprudence par la [CCJA], c'est [donc] prendre le risque d'une multiplication de revirements de jurisprudence »[410].

187-2. Même si, au regard de la loi, le pouvoir d'évocation de la CCJA pourrait apparaître comme une obligation, il existe cependant des hypothèses dans

[407] R. NJEUFACK TEMGWA, « Le droit d'évocation reconnu aux juridictions de cassation statuant en matière civile : le cas de la cour suprême du Cameroun », *Civil procedure review*, n° 3, vol. 1, sept.-déc. 2010, pp. 3 et s.

[408] Cass. Ch. Réun., 2 déc. 1941, *S.* 1941. 1217, note H. MAZEAUD.

[409] F. LUXEMBOURG, « La cour de cassation, juge du fond », *D.* 2006, n° 34, Chr., p. 2360.

[410] M. JEANTIN, « Réformer la cour de cassation ? », *Mélanges P. Hébraud*, Université des Sciences sociales de Toulouse, 1981, n° 7, p. 469.

lesquelles, par nécessité, la CCJA, bien qu'elle ait cassé une décision des juridictions nationales du fond, ne peut évoquer et statuer sur le fond[411]. Tel est le cas lorsque la décision des juridictions nationales du fond est cassée pour incompétence, ce qui oblige normalement la CCJA à renvoyer le litige à la juridiction compétente[412]. Tel est encore le cas lorsqu'en application de l'article 15 de l'AUPSRVE, l'arrêt d'une cour d'appel est cassé au motif que cette juridiction avait été saisie hors délai. Le jugement du tribunal étant passé en force de chose jugée, il n'y avait plus intérêt à évoquer et à statuer au fond[413].

187-3. La formulation de l'article 14, alinéa 5 du Traité autorise à envisager pour la CCJA, au moment où elle évoque et statue sur le fond, les pouvoirs les plus étendus[414]. Devant les juridictions d'appel où elle était pratiquée à l'origine, il faut savoir que l'évocation confère à celles-ci des pouvoirs énormes[415]. D'une part, comme toutes les juridictions du fond, la cour d'appel à la suite de

---

[411] I. NDAM, « L'évocation en matière judiciaire : obligation ou simple faculté pour la cour commune de justice et d'arbitrage », *Revue de l'ERSUMA*, n° 3, sept. 2013, pp. 113 et s.

[412] CCJA, arrêt n° 002 du 27 janvier 2005, Abdoulaye Baby Bouya c. Banque internationale pour l'Afrique, dite BIA-Niger, RJ CCJA, n° 5, vol. 2, janv.-juin 2005, p. 14 ; CCJA, arrêt n° 012 du 24 février 2005, RJ CCJA, n° 5, vol. 2, janv.-juin 2005, p. 27. Adde CCJA, 3e ch., arrêt n° 020 du 6 déc. 2011, *Safic Alcan Commoditeis* c. Complexe chimique camerounais. Bien qu'ayant évoqué, la CCJA se déclare ensuite incompétente, mais ne statue pas au fond.

[413] CCJA, arrêt n° 003 du 9 mars 2006, Koua née Assita Banfran c. Djobo Benjamin Esso, RJ CCJA, n° 7, janv.-juin 2006, pp. 54 et s.

[414] E. ASSEPO ASSI, « La Cour commune de justice et d'arbitrage de l'OHADA : un troisième degré de juridiction ? », *RIDC*, vol. 57, n° 4, 2005, p. 954.

[415] B. BAYO BYBI, « Le pouvoir d'évocation des cours de cassation africaines : un changement de la nature de leur contrôle ? Le cas du Cameroun et de la Cour commune de justice et d'arbitrage », *Penant* n° 897, 2016, pp. 562 et s.

l'évocation, s'empare de toute l'affaire à la fois en faits et en droit. Elle peut alors ordonner de nouvelles mesures d'instruction sur l'affaire, procéder à de nouvelles qualifications, exercer un contrôle sur le droit applicable, etc. D'autre part, par rapport aux règles qui gouvernent l'instance en appel, on observe que les juges d'appel bénéficient à la faveur de l'évocation, de pouvoirs exorbitants, de pouvoirs exceptionnels. Ainsi, en cas d'évocation, le juge d'appel peut statuer sur les points qui n'avaient pas été tranchés par les premiers juges, ce qui constitue alors une atteinte au principe du double degré de juridiction. Par ailleurs, il peut statuer au-delà de ce qui a fait l'objet de l'acte d'appel, par dérogation à la maxime : *tantum devolutum, quantum appellatum*[416].

Pour éviter que l'évocation devant les juridictions suprêmes en matière judiciaire ne confère à celles-ci les mêmes pouvoirs qu'aux juridictions d'appel, elle est généralement assortie d'une limite importante. Ainsi, au Cameroun comme en France, les juges suprêmes en matière judiciaire ne peuvent évoquer et statuer sur le fond que si les faits tels que souverainement constatés et appréciés par les juges du fond leur permettent de faire application de la règle appropriée. Cette limitation n'existe pas s'agissant du pouvoir d'évocation devant la CCJA. Que faut-il en conclure ? La CCJA disposerait-elle, sur évocation, des mêmes pouvoirs que les juridictions d'appel ? Elle jouirait alors de l'entière liberté sur les faits et en droit, pourrait ordonner des mesures d'instruction, statuer au-delà de ce qui a fait l'objet du pourvoi, etc.

Pour deux principales considérations, l'évocation devant la CCJA ne devrait pas avoir les mêmes conséquences que

---

416 G. COUCHEZ et X. LAGARDE, *op. cit.*, n° 428 ; Y. STRICKLER, *op. cit.*, n° 143 ; S. GUINCHARD, F. FERRAND et C. CHAINAIS, *op. cit.*, n° 1346 et s.

l'évocation devant les juridictions d'appel. En premier lieu, le statut de la CCJA qui, rappelons-le, est une juridiction suprême et donc chargée d'unifier l'interprétation et l'application du droit, milite en faveur d'un rétrécissement de ses pouvoirs sur les faits au moment où elle évoque. Forcément, les décisions de la CCJA perdraient en clarté et en solennité si elles devaient traiter de la même manière les faits et le droit[417]. En second lieu, il serait illogique qu'après évocation, la CCJA se reconnaisse le pouvoir de statuer sur des moyens de fait ou même des moyens nouveaux mélangés de faits et de droit alors qu'au stade de la saisine de la CCJA d'un recours en cassation, de tels moyens sont irrecevables[418]. La même remarque vaut si la Cour en venait à statuer au-delà de ce qui a fait l'objet du pourvoi dans la mesure où devant la CCJA, le fait d'attribuer une chose au-delà de ce qui a été demandé constitue un cas d'ouverture du recours en cassation[419].

Il semble finalement que l'évocation devant la CCJA est plus à rapprocher du pouvoir d'évocation des juridictions nationales suprêmes en matière judiciaire. Malgré les apparences, le pouvoir d'évocation de la CCJA comporte bien des limites. En l'occurrence, au moment où elle évoque, la CCJA ne peut statuer au-delà de ce qui a fait l'objet du pourvoi, elle ne peut non plus statuer sur les moyens nouveaux, sur les moyens de faits. Comme devant les juridictions nationales de cassation, le pouvoir d'évocation de la CCJA confère à cette juridiction le pouvoir de faire

---

[417] B. DIALLO, « Réflexions sur le pouvoir d'évocation de la CCJA dans le cadre du traité de l'OHADA », *Penant*, n° 858, pp. 40 et s.
[418] CCJA, 3e ch., arrêt n° 028 du 30 janv. 2020, Kafack Bowen Léopold c. Succession Pelami Luc, précité : « Mais attendu que ces questions n'ont pas été soumises à l'appréciation des juges du fond ; que le moyen, soulevé pour la première fois en cassation, est nouveau, mélangé de fait et de droit et, conséquemment, irrecevable ».
[419] V. supra n° 121.

application de la règle appropriée au regard des faits tels que constatés et appréciés par les juges du fond. Contrairement à la plupart des juridictions suprêmes nationales en matière civile et commerciale qui, à la suite de l'évocation, ne peuvent ordonner des mesures d'instruction, la CCJA elle, peut le faire. C'est ce qui ressort clairement de l'article 34 du règlement intérieur de cette juridiction en matière contentieuse et en matière consultative qui dispose : « En cas d'évocation, la Cour peut ordonner toutes mesures d'instructions qu'elle estime utiles. Les frais occasionnés par ces mesures sont à la charge des parties selon les modalités fixées par la Cour »[420]. Le pouvoir de la CCJA d'ordonner des mesures d'instruction se justifie dans la mesure où, contrairement aux juridictions nationales de cassation en matière civile et commerciale qui peuvent renvoyer l'affaire devant les juridictions nationales du fond, la CCJA elle, n'est pas autorisée à le faire, dans un souci d'éviter un allongement de la durée des procès. Ne pouvant ordonner le renvoi de l'affaire devant les juridictions nationales du fond, que ferait alors la CCJA si les faits tels que constatés par les juges nationaux du fond ne permettent pas de faire application de la règle appropriée au cas d'espèce ? Le risque auquel on s'exposerait serait celui de voir la CCJA chercher toujours, après évocation, de faire application de la règle de droit, même si les faits constatés et appréciés par les juges nationaux du fond ne permettent pas de le faire. C'est la qualité des décisions de la CCJA qui risque ainsi d'être étiolée, ce qui ne serait pas conforme à l'exigence de la bonne administration de la justice. Aussi, pour éviter qu'une

[420] Même si, à l'art. 35 du RI CCJA en matières contentieuse et consultative sont évoquées comme mesures d'instruction : la comparution personnelle par l'entremise de leurs avocats, l'enquête, l'audition des experts ; cette évocation doit être considérée comme non limitative. Toute autre mesure d'instruction est donc susceptible d'être ordonnée par la Cour.

telle situation se réalise, il a été reconnu à la CCJA le pouvoir d'ordonner des mesures d'instruction. Devant la CCJA, les mesures d'instruction ne devraient donc pouvoir être ordonnées que dans les hypothèses où les faits tels que constatés et appréciés par les juridictions nationales du fond ne permettent pas de faire application de la règle appropriée au cas d'espèce.

2- Les règles propres au dénouement de l'instance en annulation

188. Arrêt de rejet ou arrêt d'annulation. L'instance en annulation a pour objet de trancher un conflit de compétence qui oppose la CCJA à une juridiction nationale de cassation. Elle peut déboucher sur un arrêt de rejet ou sur un arrêt d'annulation. L'arrêt de rejet a pour conséquence de conforter la Cour suprême nationale dans sa déclaration de compétence. Quant à l'arrêt d'annulation, il a pour conséquence que la décision par laquelle la juridiction nationale de cassation s'était déclarée compétente à tort est réputée nulle et non avenue[421]. Et dans les deux mois qui suivent la signification de l'arrêt d'annulation, toute partie à l'instance devant la juridiction nationale de cassation peut saisir la CCJA d'un recours en cassation contre la décision du juge du fond[422]. Pour la doctrine, il aurait été plus

---

[421] V. par exemple : CCJA, 1re ch., arrêt n° 017 du 25 mars 2010, Lamory Sanogo c. Côte d'Ivoire télécom SA ; CCJA, 3e ch., arrêt n° 029 du 6 déc. 2011, Kouadio Konan c. Kacou Appia Justin et trois autres ; CCJA, 2e ch., arrêt n° 140 du 30 avril 2020, Bohoussou Serge Yves c. Hassan Hyjazi.

[422] V. art. 52-4, RP CCJA. Dans une affaire, la CCJA a rejeté à juste titre la demande de sursis à exécution exercée à l'encontre d'un arrêt de la CCJA annulant l'arrêt d'une cour suprême nationale qui s'était déclarée compétente à tort. V. CCJA, ord. n° 2 du 16 févr. 2005, Dame Adia Yego Thérèse c. Bamba Amadou et autres, ohada.com, Ohadata J-06-12. En application de cette disposition, la CCJA déclare irrecevable toute demande formulée à la suite de l'arrêt d'annulation,

judicieux afin d'éviter des pertes de temps, que le pouvoir d'annuler de la CCJA fût suivi de celui de statuer immédiatement après sur la décision des juges nationaux du fond ou alors, qu'il fût permis que le recours en cassation soit exercé en même temps que le recours en annulation[423].

Section 2 : La procédure consultative devant la CCJA

189. Délimitation. Réglementant la procédure consultative, le règlement de procédure de la CCJA a laissé de côté les demandes d'avis émanant du secrétariat permanent pour ne s'intéresser qu'à celles formulées par le conseil des ministres, les États parties et les juridictions nationales du fond. Dans la mesure où la Cour le juge convenable, elle peut également appliquer à la procédure consultative les règles de la procédure contentieuse[424]. Dans le cadre ainsi défini, le règlement de procédure de la CCJA apporte d'utiles précisions sur le déroulement (§1) et l'aboutissement (§2) de la procédure consultative.

---

mais au cours de l'instance d'annulation et tendant à faire juger par la CCJA l'affaire tranchée en violation des règles de compétence par la cour suprême nationale. L'arrêt d'annulation ne confère donc pas à la CCJA un pouvoir d'évocation. V. CCJA, arrêt n° 050 du 7 juin 2012, Mme Kouame Amenan Delphine c. Mme Boni née N'guessan Adjoua Claudine ; CCJA, arrêt n° 032 du 2 mai 2013, Amour John Wofa Kyei c. Ecobank Burkina ; CCJA, 3e ch., arrêt n° 015 du 25 janv. 2018, Société *CKG Holding* c. Société *Yara* France.

423 J. ISSA-SAYEGH et J. LOHOUES-OBLE, *op. cit.*, n° 454.

424 Art. 53, RP CCJA. On observe par exemple qu'au cours de la procédure consultative, la Cour désigne un juge rapporteur qui, à la fin de sa mission, établit un rapport.

§1- Le déroulement de la procédure consultative

190. Plan. Il diffère légèrement selon que la demande d'avis émane d'un État partie ou du conseil des ministres (A) ou d'une juridiction nationale du fond (B).

A- Les demandes d'avis formulées par le conseil des ministres ou les États membres

191. Règles communes. Les demandes d'avis consultatif émanant des États parties ou du conseil des ministres doivent être présentées sous forme d'une requête écrite. Dans sa demande, le requérant formule en des termes précis la question sur laquelle l'avis de la Cour est sollicité et y joint par ailleurs, tout document de nature à élucider la question[425].

192. Règles propres. Si la demande d'avis consultatif émane d'un État partie, le greffier en chef doit, après l'avoir reçue, la notifier aux autres États parties au Traité et leur faire connaître que la Cour est disposée à recevoir leurs observations écrites dans un délai fixé par le président[426]. Si après notification d'une demande d'avis, un État partie formule des observations, celles-ci sont communiquées au demandeur et aux autres éventuels auteurs d'observations. Ces derniers sont admis à leur tour à discuter les observations ainsi reçues dans les formes, mesures et délais

---

[425] V. art. 54, RP CCJA.

[426] Par exemple, dans l'avis consultatif n° 002/99/EP rendu le 13 oct. 1999 à la demande de la République du Mali, le Benin avait formulé des observations qui furent enregistrées au greffe de la Cour le 14 sept. 1999. De même, dans l'avis n° 02/2000/EP du 26 avril 2000 émis à la requête du Sénégal, le Tchad avait formulé des observations le 10 févr. 2000 et ces observations furent enregistrées au greffe de la Cour le 23 févr. 2000. Enfin, dans le célèbre avis n° 001/2001/EP du 30 avril 2001 rendu à la demande de la Côte d'Ivoire, le Cameroun formula le 5 févr. 2001 des observations qui furent enregistrées au greffe de la Cour le 6 févr. 2001.

fixés dans chaque cas par le président qui décide en outre, s'il y a lieu à audience[427].

B- Les demandes d'avis formulées par les juridictions nationales du fond

193. Procédure. Les demandes d'avis consultatif en provenance des juridictions nationales du fond sont formées au moyen d'une décision (dont la nature n'a pas été précisée) notifiée à la Cour à la diligence de ladite juridiction. Cette décision formule en des termes précis la question sur laquelle la juridiction a estimé nécessaire de solliciter l'avis de la Cour pour rendre son jugement. Il y est en outre joint tout document de nature à élucider la question. Après réception de la demande d'avis formulée par la juridiction nationale, le greffier en chef de la CCJA la notifie immédiatement aux parties en cause devant cette juridiction et aux États parties au traité OHADA. Lors des notifications, le greffier en chef fait connaître à ses correspondants que la Cour est disposée à recevoir leurs observations écrites dans le délai fixé par le président. Toutes les observations écrites consécutives à une demande d'avis consultatif sont communiquées aux éventuels auteurs d'autres observations écrites. Ces derniers peuvent à leur tour discuter les observations ainsi reçues dans les formes, mesures et délais fixés dans chaque cas par le président qui décide par ailleurs, s'il y a lieu à audience[428].

§2- L'aboutissement de la procédure consultative

194. Contenu de l'avis. La procédure consultative se termine par un avis rendu par la Cour. Aux termes de

[427] V. art. 55, RP CCJA. Jusqu'à présent, les observations formulées par un État n'ont pas donné lieu à une réplique de la part de l'État requérant ou d'un autre État.
[428] V. art. 56 et 57, RP CCJA.

l'article 58 du règlement de procédure de la CCJA, l'avis consultatif de la Cour contient : l'indication qu'il est rendu par la Cour ; la date du prononcé ; les noms des juges qui y ont pris part ainsi que celui du greffier ; l'exposé sommaire des faits ; les motifs ; et enfin, la réponse à la question posée à la Cour.

195. Force juridique des avis. Du point de vue de leur force juridique, les avis consultatifs de la CCJA sont dépourvus de force obligatoire. Ainsi, théoriquement, l'avis consultatif émis par la CCJA à la demande d'une juridiction nationale ne lie pas cette dernière, encore moins la CCJA et les parties en litige[429]. Par conséquent, une juridiction nationale peut, après avoir formulé une demande d'avis, statuer en méconnaissant les prescriptions de l'avis consultatif de la CCJA. Pour sa part, la CCJA, saisie ultérieurement de la même affaire comme juge de cassation, n'est pas tenue de respecter son propre avis ![430] Enfin, les parties en litige peuvent, même si la juridiction nationale a statué conformément à l'avis de la CCJA, former un recours en cassation contre la décision du juge national du fond. Mais dans la pratique, ces différentes conséquences théoriques, somme toute, logiques du caractère non obligatoire des avis de la CCJA, seront difficiles à vérifier. D'abord, il serait bien difficile à la juridiction nationale de ne pas respecter l'avis de la CCJA à cause de la menace du recours en cassation qui pèserait alors sur sa décision. Ensuite, le souci d'assurer la cohérence dans sa mission d'unification de la jurisprudence fera qu'il sera très difficile à la CCJA d'adopter dans un arrêt des positions opposées à

[429] E. NSIE, « La Cour commune de justice et d'arbitrage », *op. cit.*, p. 315.

[430] B. BOUMAKANI, « Les juridictions communautaires en Afrique noire francophone : la cour commune de justice et d'arbitrage de l'OHADA, les cours de justice de l'UEMOA et de la CEMAC », *op. cit.*, p. 80.

celles énoncées dans un avis antérieur[431]. Enfin, les risques de perte de temps et d'argent dissuaderont très souvent les parties en litige à se pourvoir en cassation contre les décisions des juridictions nationales du fond rendues conformément à un avis de la CCJA.

C'est surtout par rapport aux avis rendus à la demande d'un État partie ou du conseil des ministres que le caractère non obligatoire des avis de la CCJA risque de retrouver tout son sens. En ce qui concerne les États, on sait que pour le moment, il n'existe pas au sein de l'OHADA un recours en manquement[432] permettant de sanctionner la violation par un État des obligations résultant du Traité. Par conséquent, un État peut, avant d'adopter une loi, solliciter l'avis de la CCJA par rapport à sa compatibilité au droit OHADA, mais refuser sans conséquence de tirer toutes les conséquences de l'avis de la CCJA. En ce qui concerne le conseil des ministres, on sait également que pour le moment, il n'existe dans l'OHADA ni recours en appréciation de la légalité ni

[431] V. CCJA, avis n° 01/99/JN du 7 juil. 1999. Dans cet avis, la CCJA affirme ceci : « Certes, il s'agit d'un simple avis dépourvu de tout effet décisoire découlant de l'autorité de la chose jugée et de la force de chose jugée. Mais on comprendrait mal que saisie par voie de pourvoi de la même question, la Cour vienne à se déjuger ».

[432] En droit de l'Union européenne où il existe et même dans les droits communautaires CEMAC et UEMOA, le recours en manquement se définit comme le recours permettant à la Commission ou à tout État membre de saisir la cour de justice communautaire du non-respect par un État membre des obligations qui lui incombent en vertu des traités pour le contraindre à appliquer le droit communautaire. V. : C. BLUMANN et L. DUBOUIS, *Droit institutionnel de l'Union européenne*, *op. cit.*, n° 1058 et s. ; B. BOUMAKANI, « Les juridictions communautaires en Afrique noire francophone : la Cour commune de justice et d'arbitrage de l'OHADA, les cours de justice de l'UEMOA et de la CEMAC », *op. cit.*, p. 81. V. enfin l'art. 4, al. 2 du Traité révisé de la CEMAC.

exception d'illégalité[433] pouvant permettre à un citoyen communautaire de faire annuler ou écarter du débat une disposition communautaire qui violerait celles qui lui sont supérieures. De la sorte, le conseil des ministres peut, après avoir sollicité l'avis de la CCJA avant l'adoption d'un règlement ou d'une décision, violer impunément l'avis donné par la CCJA. C'est le respect du droit communautaire et plus particulièrement le respect de la hiérarchie des normes communautaires qui serait gravement remis en question.

[433] Dans les droits de l'Union européenne de la CEMAC et de l'UEMOA où il existe, le contentieux de la légalité vise le contrôle de la légalité des actes des institutions communautaires. V. par exemple, J. DUTHEIL DE LA ROCHERE, *op. cit.*, pp. 141 et s. ; P. KAMTOH, *Introduction au système institutionnel de la CEMAC*, *op. cit.*, pp. 192 et s. ; C. BLUMANN et L. DUBOUIS, *op. cit.*, n° 988.

INDEX ALPHABÉTIQUE

(Les chiffres renvoient aux numéros de paragraphe)

TABLE DES MATIÈRES

Structures éditoriales du groupe L'Harmattan

L'Harmattan Italie
Via degli Artisti, 15
10124 Torino
harmattan.italia@gmail.com

L'Harmattan Hongrie
Kossuth l. u. 14-16.
1053 Budapest
harmattan@harmattan.hu

L'Harmattan Sénégal
10 VDN en face Mermoz
BP 45034 Dakar-Fann
senharmattan@gmail.com

L'Harmattan Cameroun
TSINGA/FECAFOOT
BP 11486 Yaoundé
inkoukam@gmail.com

L'Harmattan Burkina Faso
Achille Somé – tengnule@hotmail.fr

L'Harmattan Guinée
Almamya, rue KA 028 OKB Agency
BP 3470 Conakry
harmattanguinee@yahoo.fr

L'Harmattan RDC
185, avenue Nyangwe
Commune de Lingwala – Kinshasa
matangilamusadila@yahoo.fr

L'Harmattan Congo
67, boulevard Denis-Sassou-N'Guesso
BP 2874 Brazzaville
harmattan.congo@yahoo.fr

L'Harmattan Mali
ACI 2000 - Immeuble Mgr Jean Marie Cisse
Bureau 10
BP 145 Bamako-Mali
mali@harmattan.fr

L'Harmattan Togo
Djidjole – Lomé
Maison Amela
face EPP BATOME
ddamela@aol.com

L'Harmattan Côte d'Ivoire
Résidence Karl – Cité des Arts
Abidjan-Cocody
03 BP 1588 Abidjan
espace_harmattan.ci@hotmail.fr

Nos librairies en France

Librairie internationale
16, rue des Écoles
75005 Paris
librairie.internationale@harmattan.fr
01 40 46 79 11
www.librairieharmattan.com

Librairie des savoirs
21, rue des Écoles
75005 Paris
librairie.sh@harmattan.fr
01 46 34 13 71
www.librairieharmattansh.com

Librairie Le Lucernaire
53, rue Notre-Dame-des-Champs
75006 Paris
librairie@lucernaire.fr
01 42 22 67 13

www.ingramcontent.com/pod-product-compliance
Lightning Source LLC
LaVergne TN
LVHW010928061026
849535LV00007B/2292